U0022941

心一堂術數古籍珍本叢刊

書名：樂吾隨筆之二——《守素室叢談》《子罕言》《姑妄言之（二）》
系列：心一堂術數古籍珍本叢刊　星命類　第三輯　302
作者：【民國】徐樂吾
主編、責任編輯：陳劍聰
心一堂術數古籍珍本叢刊編校小組：陳劍聰　素聞　鄒偉才　虛白盧主

出版：心一堂有限公司
通訊地址：香港九龍旺角彌敦道六一〇號荷李活商業中心十八樓〇五—〇六室
深港讀者服務中心‧中國深圳市羅湖區立新路六號羅湖商業大廈負一層〇〇八室
電話號碼：(852)9027-7110
網址：publish.sunyata.cc
電郵：sunyatabook@gmail.com
網店：http://book.sunyata.cc
淘寶店地址：https://shop210782774.taobao.com
微店地址：https://weidian.com/s/1212826297
臉書：https://www.facebook.com/sunyatabook
讀者論壇：http://bbs.sunyata.cc/

版次：二零一九年十一月初版
平裝

定價：港幣　九十八元正
新台幣　三百九十八元正

國際書號：ISBN 978-988-8583-01-0

香港發行：香港聯合書刊物流有限公司
地址：香港新界大埔汀麗路36號中華商務印刷大廈3樓
電話號碼：(852)2150-2100
傳真號碼：(852)2407-3062
電郵：info@suplogistics.com.hk

台灣發行：秀威資訊科技股份有限公司
地址：台灣台北市內湖區瑞光路七十六巷六十五號一樓
電話號碼：+886-2-2796-3638
傳真號碼：+886-2-2796-1377
網絡書店：www.bodbooks.com.tw
台灣秀威書店讀者服務中心：
地址：台灣台北市中山區松江路二〇九號一樓
電話號碼：+886-2-2518-0207
傳真號碼：+886-2-2518-0778
網絡書店：http://www.govbooks.com.tw

中國大陸發行　零售：深圳心一堂文化傳播有限公司
深圳地址：深圳市羅湖區立新路六號羅湖商業大廈負一層〇〇八室
電話號碼：(86)0755-82224934

心一堂微店二維碼

心一堂淘寶店二維碼

心一堂術數古籍 珍本整理 叢刊 總序

術數定義

術數，大概可謂以「推算（推演）、預測人（個人、群體、國家等）、事、物、自然現象、時間、空間方位等規律及氣數，並或通過種種『方術』，從而達致趨吉避凶或某種特定目的」之知識體系和方法。

術數類別

我國術數的內容類別，歷代不盡相同，例如《漢書・藝文志》中載，漢代術數有六類：天文、曆譜、五行、蓍龜、雜占、形法。至清代《四庫全書》，術數類則有：數學、占候、相宅相墓、占卜、命書、相書、陰陽五行、雜技術等，其他如《後漢書・方術部》、《藝文類聚・方術部》、《太平御覽・方術部》等，對於術數的分類，皆有差異。古代多把天文、曆譜、及部分數學均歸入術數類，而民間流行亦視傳統醫學作為術數的一環；此外，有些術數與宗教中的方術亦往往難以分開。現代民間則常將各種術數歸納為五大類別：命、卜、相、醫、山，通稱「五術」。

本叢刊在《四庫全書》的分類基礎上，將術數分為九大類別：占筮、星命、相術、堪輿、選擇、三式、讖諱、理數（陰陽五行）、雜術（其他）。而未收天文、曆譜、算術、宗教方術、醫學。

術數思想與發展——從術到學，乃至合道

我國術數是由上古的占星、卜筮、形法等術發展下來的。其中卜筮之術，是歷經夏商周三代而通過「龜卜、蓍筮」得出卜（筮）辭的一種預測（吉凶成敗）術，之後歸納並結集成書，此即現傳之《易

經》。經過春秋戰國至秦漢之際，受到當時諸子百家的影響、儒家的推崇，遂有《易傳》等的出現，原本是卜筮術書的《易經》，被提升及解讀成有包涵「天地之道（理）」之學。因此，《易・繫辭傳》曰：「易與天地準，故能彌綸天地之道。」

漢代以後，易學中的陰陽學說，與五行、九宮、干支、氣運、災變、律曆、卦氣、讖緯、天人感應說等相結合，形成易學中象數系統。而其他原與《易經》本來沒有關係的術數，如占星、形法、選擇，亦漸漸以易理（象數學說）為依歸。《四庫全書・易類小序》云：「術數之興，多在秦漢以後。要其旨，不出乎陰陽五行，生尅制化。實皆《易》之支派，傳以雜說耳。」至此，術數可謂已由「術」發展成「學」。

及至宋代，術數理論與理學中的河圖洛書、太極圖、邵雍先天之學及皇極經世等學說給合，通過術數以演繹理學中「天地中有一太極，萬物中各有一太極」（《朱子語類》）的思想。術數理論不單已發展至十分成熟，而且也從其學理中衍生一些新的方法或理論，如《梅花易數》、《河洛理數》等。

在傳統上，術數功能往往不止於僅僅作為趨吉避凶的方術，及「能彌綸天地之道」的學問，亦有其「修心養性」的功能，「與道合一」（修道）的內涵。《素問・上古天真論》：「上古之人，其知道者，法於陰陽，和於術數。」數之意義，不單是外在的算數、歷數、氣數，而是與理學中同等的「道」、「理」--心性的功能，北宋理氣家邵雍對此多有發揮：「聖人之心，是亦數也」、「萬化萬事生乎心」、「心為太極」。《觀物外篇》：「先天之學，心法也。……蓋天地萬物之理，盡在其中矣，心一而不分，則能應萬物。」反過來說，宋代的術數理論，受到當時理學、佛道及宋易影響，認為心性本質上是等同天地之太極。天地萬物氣數規律，能通過內觀自心而有所感知，即是內心也已具備有術數的推演及預測、感知能力；相傳是邵雍所創之《梅花易數》，便是在這樣的背景下誕生。

《易・文言傳》已有「積善之家，必有餘慶；積不善之家，必有餘殃」之說，至漢代流行的災變說及讖緯說，我國數千年來都認為天災，異常天象（自然現象），皆與一國或一地的施政者失德有關；下至家族、個人之盛衰，也都與一族一人之德行修養有關。因此，我國術數中除了吉凶盛衰理數之外，人心的德行修養，也是趨吉避凶的一個關鍵因素。

術數與宗教、修道

在這種思想之下，我國術數不單只是附屬於巫術或宗教行為的方術，又往往是一種宗教的修煉手段——通過術數，以知陰陽，乃至合陰陽（道）。「其知道者，法於陰陽，和於術數。」例如，「奇門遁甲」術中，即分為「術奇門」與「法奇門」兩大類。「法奇門」中有大量道教中符籙、手印、存想、內煉的內容，是道教內丹外法的一種重要外法修煉體系。甚至在雷法一系的修煉上，亦大量應用了術數內容。此外，相術、堪輿術中也有修煉望氣（氣的形狀、顏色）的方法；堪輿家除了選擇陰陽宅之吉凶外，也有道教中選擇適合修道環境（法、財、侶、地中的地）的方法，以至通過堪輿術觀察天地山川陰陽之氣，亦成為領悟陰陽金丹大道的一途。

易學體系以外的術數與的少數民族的術數

我國術數中，也有不用或不全用易理作為其理論依據的，如揚雄的《太玄》、司馬光的《潛虛》。也有一些占卜法、雜術不屬於《易經》系統，不過對後世影響較少而已。

外來宗教及少數民族中也有不少雖受漢文化影響（如陰陽、五行、二十八宿等學說。）但仍自成系統的術數，如古代的西夏、突厥、吐魯番等占卜及星占術，藏族中有多種藏傳佛教占卜術、苯教占卜術、擇吉術、推命術、相術等；北方少數民族有薩滿教占卜術；不少少數民族如水族、白族、布朗族、佤族、彝族、苗族等，皆有占雞（卦）草卜、雞蛋卜等術，納西族的占星術、占卜術，彝族畢摩的推命術、占卜術……等等，都是屬於《易經》體系以外的術數。相對上，外國傳入的術數以及其理論，對我國術數影響更大。

曆法、推步術與外來術數的影響

我國的術數與曆法的關係非常緊密。早期的術數中，很多是利用星宿或星宿組合的位置（如某星在某州或某宮某度）付予某種吉凶意義，并據之以推演，例如歲星（木星）、月將（某月太陽所躔之宮次）等。不過，由於不同的古代曆法推步的誤差及歲差的問題，若干年後，其術數所用之星辰的位置，已與真實星辰的位置不一樣了；此如歲星（木星），早期的曆法及術數以十二年為一周期（以應地支），與木星真實周期十一點八六年，每幾十年便錯一宮。後來術家又設一「太歲」的假想星體來解決，是歲星運行的相反，週期亦剛好是十二年。而術數中的神煞，很多即是根據太歲的位置而定。又如六壬術中的「月將」，原是立春節氣後太陽躔娵訾之次而稱作「登明亥將」，至宋代，因歲差的關係，要到雨水節氣後太陽才躔娵訾之次，當時沈括提出了修正，但明清時六壬術中「月將」仍然沿用宋代沈括修正的起法沒有再修正。

由於以真實星象周期的推步術是非常繁複，而且古代星象推步術本身亦有不少誤差，大多數術數除依曆書保留了太陽（節氣）、太陰（月相）的簡單宮次計算外，漸漸形成根據干支、日月等的各自起例，以起出其他具有不同含義的眾多假想星象及神煞系統。唐宋以後，我國絕大部分術數都主要沿用這一系統，也出現了不少完全脫離真實星象的術數，如《子平術》、《紫微斗數》、《鐵版神數》等。後來就連一些利用真實星辰位置的術數，如《七政四餘術》及選擇法中的《天星選擇》，也已與假想星象及神煞混合而使用了。

隨着古代外國曆（推步）、術數的傳入，如唐代傳入的印度曆法及術數，元代傳入的回回曆等，其中我國占星術便吸收了印度占星術中羅睺星、計都星等而形成四餘星，又通過阿拉伯占星術而吸收了其中來自希臘、巴比倫占星術的黃道十二宮、四大（四元素）學說（地、水、火、風），並與我國傳統的二十八宿、五行說、神煞系統並存而形成《七政四餘術》。此外，一些術數中的北斗星名，不用我國傳統的星名：天樞、天璇、天璣、天權、玉衡、開陽、搖光，而是使用來自印度梵文所譯的：貪狼、巨門、祿存、文曲，廉貞、武曲、破軍等，此明顯是受到唐代從印度傳入的曆法及占星術所影響。如星命術中的《紫微斗數》及堪輿術中的《撼龍經》等文獻中，其星皆用印度譯名。及至清初《時憲曆》，置閏之法則改用西法「定氣」。清代以後的術數，又作過不少的調整。

此外，我國相術中的面相術、手相術，唐宋之際受印度相術影響頗大，至民國初年，又通過翻譯歐西、日本的相術書籍而大量吸收歐西相術的內容，形成了現代我國坊間流行的新式相術。

陰陽學——術數在古代、官方管理及外國的影響

術數在古代社會中一直扮演着一個非常重要的角色，影響層面不單只是某一階層、某一職業、某一年齡的人，而是上自帝王，下至普通百姓，從出生到死亡，不論是生活上的小事如洗髮、出行等，大事如建房、入伙、出兵等，從個人、家族以至國家，從天文、氣象、地理到人事、軍事，從民俗、學術到宗教，都離不開術數的應用。我國最晚在唐代開始，已把以上術數之學，稱作陰陽（學），行術數者稱陰陽人。（敦煌文書、斯四三二七唐《師師漫語話》：「以下說陰陽人謾語話」，此說法後來傳入日本，今日本人稱行術數者為「陰陽師」）。一直到了清末，欽天監中負責陰陽術數的官員中，以及民間術數之士，仍名陰陽生。

古代政府的中欽天監（司天監），除了負責天文、曆法、輿地之外，亦精通其他如星占、選擇、堪輿等術數，除在皇室人員及朝庭中應用外，也定期頒行日書、修定術數，使民間對於天文、日曆用事吉凶及使用其他術數時，有所依從。

我國古代政府對官方及民間陰陽學及陰陽官員，從其內容、人員的選拔、培訓、認證、考核、律法監管等，都有制度。至明清兩代，其制度更為完善、嚴格。

宋代官學之中，課程中已有陰陽學及其考試的內容。（宋徽宗崇寧三年〔一一零四年〕崇寧算學令：「諸學生習……並曆算、三式、天文書。」「諸試……三式即射覆及預占三日陰陽風雨。天文即預

定一月或一季分野災祥，並以依經備草合問為通。」

金代司天臺，從民間「草澤人」（即民間習術數人士）考試選拔：「其試之制，以《宣明曆》試推步，及《婚書》、《地理新書》試合婚、安葬，並《易》筮法，六壬課、三命、五星之術。」（《金史》卷五十一．志第三十二．選舉一）

元代為進一步加強官方陰陽學對民間的影響、管理、控制及培育，除沿襲宋代、金代在司天監掌管陰陽學及中央的官學陰陽學課程之外，更在地方上增設陰陽學課程（《元史．選舉志一》：「世祖至元二十八年夏六月始置諸路陰陽學。」）地方上也設陰陽學教授員，培育及管轄地方陰陽人。（《元史．選舉志一》：「（元仁宗）延祐初，令陰陽人依儒醫例，於路、府、州設教授員，凡陰陽人皆管轄之，而上屬於太史焉。」）自此，民間的陰陽術士（陰陽人），被納入官方的管轄之下。

至明清兩代，陰陽學制度更為完善。中央欽天監掌管陰陽學，明代地方縣設陰陽學正術，各州設陰陽學典術，各縣設陰陽學訓術。陰陽人從地方陰陽學肄業或被選拔出來後，再送到欽天監考試。（《大明會典》卷二二三：「凡天下府州縣舉到陰陽人堪任正術等官者，俱從吏部送（欽天監），考中，送回選用；不中者發回原籍為民，原保官吏治罪。」）清代大致沿用明制，凡陰陽術數之流，悉歸中央欽天監及地方陰陽官員管理、培訓、認證。至今尚有「紹興府陰陽印」、「東光縣陰陽學記」等明代銅印，及某某縣某某之清代陰陽執照等傳世。

清代欽天監漏刻科對官員要求甚為嚴格。《大清會典》「國子監」規定：「凡算學之教，設肄業生。滿洲十有二人，蒙古、漢軍各六人，於各旗官學內考取。漢十有二人，於舉人、貢監生童內考取。附學生二十四人，由欽天監選送。教以天文演算法諸書，五年學業有成，舉人引見以欽天監博士用，貢監生童以天文生補用。」學生在官學肄業、貢監生肄業或考得舉人後，經過了五年對天文、算法、陰陽學的學習，其中精通陰陽術數者，會送往漏刻科。而在欽天監供職的官員，《大清會典則例》「欽天監」規定：「本監官生三年考核一次，術業精通者，保題升用。不及者，停其升轉，再加學習。如能黽勉供職，即予開復。仍不及者，降職一等，再令學習三年，能習熟者，准予開復，仍不能者，黜退。」除定期考核以定其升用降職外，《大清律例》中對陰陽術士不準確的推斷（妄言禍福）是要治罪的。《大清律例・一七八・術七・妄言禍福》：「凡陰陽術士，不許於大小文武官員之家妄言禍福，違者杖一百。其依經推算星命卜課，不在禁限。」大小文武官員延請的陰陽術士，自然是以欽天監漏刻科官員或地方陰陽官員為主。

官方陰陽學制度也影響鄰國如朝鮮、日本、越南等地，一直到了民國時期，鄰國仍然沿用着我國的多種術數。而我國的漢族術數，在古代甚至影響遍及西夏、突厥、吐蕃、阿拉伯、印度、東南亞諸國。

術數研究

術數在我國古代社會雖然影響深遠，「是傳統中國理念中的一門科學，從傳統的陰陽、五行、九宮、八卦、河圖、洛書等觀念作大自然的研究。……傳統中國的天文學、數學、煉丹術等，要到上世紀中葉始受世界學者肯定。可是，術數還未受到應得的注意。術數在傳統中國科技史、思想史，文化史、社會史，甚至軍事史都有一定的影響。……更進一步了解術數，我們將更能了解中國歷史的全貌。」（何丙郁《術數、天文與醫學中國科技史的新視野》，香港城市大學中國文化中心。）

可是術數至今一直不受正統學界所重視，加上術家藏秘自珍，又揚言天機不可洩漏，「（術數）乃吾國科學與哲學融貫而成一種學說，數千年來傳衍嬗變，或隱或現，全賴一二有心人為之繼續維繫，賴以不絕，其中確有學術上研究之價值，非徒癡人說夢，荒誕不經之謂也。其所以至今不能在科學中成立一種地位者，實有數因。蓋古代士大夫階級目醫卜星相為九流之學，多恥道之；而發明諸大師又故為惝恍迷離之辭，以待後人探索；間有一二賢者有所發明，亦秘莫如深，既恐洩天地之秘，復恐譏為旁門左道，始終不肯公開研究，成立一有系統說明之書籍，貽之後世。故居今日而欲研究此種學術，實一極困難之事。」（民國徐樂吾《子平真詮評註》，方重審序）

現存的術數古籍，除極少數是唐、宋、元的版本外，絕大多數是明、清兩代的版本。其內容也主要是明、清兩代流行的術數，唐宋或以前的術數及其書籍，大部分均已失傳，只能從史料記載、出土文獻、敦煌遺書中稍窺一鱗半爪。

術數版本

坊間術數古籍版本，大多是晚清書坊之翻刻本及民國書賈之重排本，其中豕亥魚魯，或任意增刪，往往文意全非，以至不能卒讀。現今不論是術數愛好者，還是民俗、史學、社會、文化、版本等學術研究者，要想得一常見術數書籍的善本、原版，已經非常困難，更遑論如稿本、鈔本、孤本等珍稀版本。在文獻不足及缺乏善本的情況下，要想對術數的源流、理法、及其影響，作全面深入的研究，幾不可能。

有見及此，本叢刊編校小組經多年努力及多方協助，在海內外搜羅了二十世紀六十年代以前漢文為主的術數類善本、珍本、鈔本、孤本、稿本、批校本等數百種，精選出其中最佳版本，分別輯入兩個系列：

一、心一堂術數古籍珍本叢刊

二、心一堂術數古籍整理叢刊

前者以最新數碼（數位）技術清理、修復珍本原本的版面，更正明顯的錯訛，部分善本更以原色彩色精印，務求更勝原本。并以每百多種珍本、一百二十冊為一輯，分輯出版，以饗讀者。

後者延請、稿約有關專家、學者，以善本、珍本等作底本，參以其他版本，古籍進行審定、校勘、注釋，務求打造一最善版本，方便現代人閱讀、理解、研究等之用。

限於編校小組的水平，版本選擇及考證、文字修正、提要內容等方面，恐有疏漏及舛誤之處，懇請方家不吝指正。

心一堂術數古籍 珍本 整理 叢刊編校小組

二零零九年七月序

二零一四年九月第三次修訂

樂吾隨筆

第二輯

乾乾書社出版

乾乾書社出版命理書

改訂價目

樂吾隨筆 第一輯	六角
樂吾隨筆 第二輯	一元
子平粹言再版本	兩元
滴天髓徵義	兩元
子平眞詮評註	一元五角
窮通寶鑑評註	一元二角
滴天髓補註	一元
滴天髓輯要	三角
子平四言集腋	一元二角
古今名人名鑑	四角

概售實洋恕無折扣　詳細書目函索即寄

外埠郵匯匯票上註明西摩路郵局給付　二十九年六月一日改訂

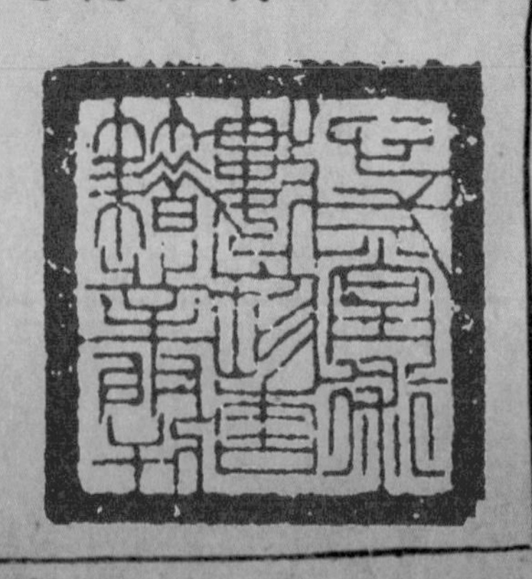

守素室叢談

卽命理一得

樂吾隨筆之一

守素室叢談目錄

守素室叢談

納音

黃帝命大撓氏作甲子。以幹爲經。以支爲緯。而成六十甲子。（幹者本幹。卽經也。支者横支。卽緯也。）以配五音十二律。（一音有十二律。五音合六十律）納之於音。故名納音。昔賢聞聲而辨吉凶。見之於史册紀錄。不一其事。審音察微。國家之興亡。人事之休咎。徵兆之來。見之於微。難以言語形容。勉强說明。不過氣化之感召。五行之生尅制化而已。

星命之書。當以果老星宗爲最古。其推算方法。以七政四餘星象爲主。而參以月令氣候。觀其十干化曜法。以甲爲火。以乙爲孛。（詳粹言）可見其時尚未以十干爲五行陰陽之代名詞也。嗣唐李虛中删除星盤。專以五行生尅論祿命。

始以干支代五行。在當時爲創論。然尚未能盡脫星命之窠臼。故仍參合納音真五行。直至明代。未有改變。(徐子平北宋人。所發明之看法。在明以前未盛行。三命通會所論。尚混合年命日主納音真五行也。)然人類之學術思想。逐漸演進。逐漸發明。既以干支代替五行。直接配合河洛。自無須再取間接之納音。(直接配合河洛。卽是以十二宮代八卦也。)命理者。數理也。舊者迂曲而繁複。新者簡單而直捷。此天演之定則。觀夫明代名著。如滴天髓攔江網。清代名著子平真詮命理約言諸書。均於納音不着一字。可見思想演變之程序。我國學術界。向有崇拜古賢之習慣。古法雖不適用。决無顯斥其非者。况審音察微之理。另有獨到之感覺。非精於音律者不能辨。特與命理分途而已。

明代以前。談命之書。當以三命通會爲集大成。兼收並蓄。細大不捐。古人散佚之書。在通會中咸可窺見一班。惜其文字蕪雜。重複顛倒。不能提要鈎玄。大有愈說愈晦之憾。其敍述也。兼論納音真五音。其引證也。忽而從年。忽而從日。初學讀之。如墮五里霧中。體例不精。爲此書之一大病。若能删繁就簡。修整其文字。實爲談命者一最完善之本也。惜乎無此機緣。空懸此願而已。

六乙鼠貴與六陰朝陽

格局之成。皆有原理。明其原理而用之。自有得心應手之妙。十干皆有天乙。何以獨於六乙稱鼠貴。五陰皆喜陽和。何以獨於六辛稱朝陽。蓋乙爲退氣之木。全恃培植以繁榮。培植不離丙癸。丙如太陽。癸如雨露。日暄雨潤。木氣自榮。用丙宜癸爲輔。用癸宜丙爲輔。卽使別取用神。亦不能無丙癸配合也。乙日遁干得丙子。適得太陽雨露之妙。此六乙所以獨以鼠貴稱也。辛金弱質。用不離生扶。然見土重有埋金之憂。火旺有鎔金之懼。遁干得戊子。戊雖厚重。臨於子水。則土虛而潤。能生金而不埋金。更有子水秀氣。辛金清靈之質。得戊子配合。不愁柔弱。能任財官。此六辛所以獨以朝陽稱也。若子水真神得用。固不必論。卽使不用子水。亦得干支配合之妙。此十干之中所以獨取乙辛歟。

何愁損用

今人硏習命理。多以神峯通考爲入手。先入爲主。見七煞必取食神制之。誤會殊深。繼善篇云。用神不可損傷。日主最宜健旺。用之爲官不可傷。用之爲財不可刦。用之爲印不可破。用之爲食不可奪。此爲命理之定則。獨有七煞爲例外。雖見食傷。煞仍可用。煞有可制不可制。身强煞弱。煞化爲官。此七煞乃偏官也。如二月甲木用庚金而見丁火。名爲鈍斧無鋼。此不可制也。（例見日犯歲君節甲寅造）身弱煞强。或身煞兩停。在陽干必須用印。在陰干不畏衰弱。假煞爲權。可以用食神以節制之。獨步云。格格推詳。以煞爲重。化煞爲權。何愁損用是也。其中亦有分別。煞强制弱。宜行制煞之鄉。如閻錫山命。

癸未。辛酉。乙酉。丁亥。是也。此與傷官旺用印。財多用刼。同論。制神與煞相均。或制過七煞。則宜行財鄉。此與傷官見官用財同論。然傷官見官。雖可用財爲解。不免減其貴。七煞不因損傷而減色。此七煞所以爲特殊也。但原命不可無印爲配合。書云。逢煞看印。有煞無印。則煞爲傷身之鬼。雖陰干亦不足取矣。

癸卯　19乙卯
丁巳　29甲寅
辛酉　36癸丑
戊子　49壬子
貴而就武。

辛酉專祿。巳酉會局。時逢戊子。六陰朝陽雖破格。辛金轉弱爲强。丁火乘旺。而癸水得祿於子。制神與煞相均。丁火因制而減其燄。不因損傷而失其用。乙卯甲寅運。財星洩食神而生當旺之煞。青雲直上。因用煞故。

福神與金神七煞

神煞之名盈千。重複僞造者十居七八。命理中應用之神煞無多。江湖術士。眩奇矜異。輒將開山。立向。選日。卜筮。所用之神煞。硬拉扯入於命理中。於是更紛亂而不可究詰。其中亦有應驗者。另有應驗之原理在。若不先明其理。何從取捨。譬如福星與金神七煞。皆選日所用神煞也。起例詳選日捷訣。福星者。本句遁干見食神也。主享受自然。十干皆有福星。獨甲日見丙寅爲最有驗。金神七煞。男主創立。女命見之爲妨夫。獨甲午日爲有驗。何以故。甲日見丙寅。寅宮甲木得祿。丙戊長生。不特體用同宮。且祿與食神財星。相生不絕。其得天獨厚。福重祿高宜也。餘干遁見食神。如乙日見丁丑丁亥。丙日見戊子戊戌。無此生旺之氣。何能有驗。甲午日元。女命見之。夫宮傷官得祿。其妨夫亦宜。（詳隨筆第一輯離婚之命）其餘何能一例同推。可見應驗自有應驗之原理。卽驛馬咸池。亦不能盡驗。滴天髓云。二德三奇虛好話。咸池驛馬半推詳。子平法盡删神殺而專以天星爲論據。非無因也。福星不必定要本句遁見。如甲木生寅月而透丙火爲用神。即是福星。一生享受現成。福祿特厚。茲舉例於後。

丙子	30癸巳	初春甲木。藉丙火以爲榮。庚金絕地之金。乙庚作合。
庚寅	40甲午	煞不尅身。更得丙火去之。置之不用。寅宮丙火方生之
甲辰	50乙未	氣。戊土爲長生之財。 食神生財爲用。 此食神乃福星
乙丑	60丙申	也。壬辰癸運。雖與用神相違。亦享福現成。巳運至丙

三十年。不勞心力。財富不期而集。真福人也。此造好在生於初春。寒木向陽。若丙寅非喜用所在。雖本旬遁見。亦不足以爲福。參閱下刃頭財節。

日犯歲君

歐風東漸。社會羣趨於利而不重名。問命者輒以何時發財爲問。要知福命自有前定。富貴未可强求。若無此福命。發財豈必爲福。至於發財歲運。惟日犯歲君爲最顯著。

繼善篇云。日犯歲君。災殃必重。五行有救。其年反必爲財。四柱無情。故論名爲尅歲。尅歲總非吉朕。然有有情無情之别。無情則災殃必重。有情與有救又不同。何謂有救。繼善篇云。庚辛來傷甲乙。丙丁先見無危。丙丁反尅庚辛。壬癸遇之不畏。戊己愁逢甲乙。干頭須要庚辛。壬癸慮遭戊己。甲乙臨之有救。壬來尅丙。須要戊字當頭。癸去傷丁。却得巳來相助。此救應之法。看流年之要訣也。日犯歲君。則歲君之干頭必爲財。有救則反爲財喜。舉例於下。

戊申　25丙寅　癸水歸祿於子。壬水生申祿亥而旺於子。不能不取戊土

癸亥　35丁卯　爲隄防。水土俱寒。不可無丙丁調候。未中一點餘氣之

癸未　丁火。是可寶也。論格局情而不情。固一尋常商賈之

壬子　命。羣刼爭財。丙運丁丑年。財露見刼。甯能免於災禍。好在戊土當頭制刼。是年中航空獎券頭獎念五萬。歲運同作如是觀。然不發於丙子年而發於丁丑年。則因丑未相冲。丁火偏才氣動。日犯歲君。五行有救之明驗也。（不作冲開財庫論）

甯能免於災禍

甲寅　13庚午

戊辰　23辛未

甲申　33壬申

庚午

三月春深木老。寅辰夾卯。木衆成林。喜用庚金斵鑿以成樑棟之材。庚金得祿於申。戊土偏才旺於門戶。才旺生煞。煞制比肩以護財。加以午申夾未。甲戊庚聚貴於未。名爲聚斂精英。寅辰午申聯珠夾拱。固富而兼貴。獨當一面。手握重權之命也。世俗淺見者。取午宮丁火制殺爲用。不知火至三月。冠帶之位。炎威日盛。金至三月養位。絕地無氣。乃頑鐵也。故三月甲木用庚金。見丙丁並出。名爲鈍斧無鋼。除支成金局外。無用丁破金之理。見造化元鑰。此造好在丁火藏支而不出干。不足以掣庚金之財，午運丁火祿旺。暗困庚金。默默無聞。辛運助庚。一鳴驚人。流年戊寅。日犯歲君。己卯刃頭見財。皆爲是非破耗之歲。然以有庚金爲救之故。殺機致富百萬。即發於此兩年。此造福命甚高。將來地位。未可限量。特舉日犯歲君一點。爲戊己愁逢甲乙。干頭須要庚辛之證耳。

刃頭財與祿頭財

刃頭財者。支逢陽刃。干見財星也。名銷鎔煞。如甲日見己卯。丙日見庚午之例。祿頭財者。支逢臨官。干帶財星也。名綑縛殺。如甲日見戊寅。乙日見巳卯之例。流年遇之。皆主因財啓爭。或因妻妾與口舌是非。然亦須察其配合。非可一例以推。如財爲忌神。誠如是論。若財爲喜神。有反因之而大發其財者。與日犯歲君相似而不同。（干尅而非支冲。亦可云日犯歲君）。舉例如下。

庚子　32乙酉　夏木喜印。時逢丙寅。烈日炎威。木性枯稿。丙爲忌
辛巳　神。雖本旬遁見。不足以爲福。不作福星貴人論也。丙
甲辰　辛合官忘貴。用取煞印相生。酉運巳卯年。刃頭見財。
丙寅　加以歲運冲動陽刃。因財致訟。幾遭不測之殃。蓋寅辰
夾卯刃。卯年塡實。又加冲激也。

乙未　34乙亥　月令陽刃。而子申煞化爲印。春木當旺。無勞印生。格
己卯　44甲戌　局平庸。惟有取財破印而已。無如乙木秉令。出干爭
甲子　財。亥運巳卯年。刃頭見財。戊寅年祿頭見財。此兩年
壬申　皆有是非口舌。所幸歲運和合有情。大事化小。然而破
耗不免矣。

癸巳　39庚申　寒木向陽。宜用丙火。丙祿在巳。天廚食祿也。食神生

甲子　49己未　財而財星透出相合。較上兩造爲有情矣。所惜比肩並

甲辰　透。不免爭財。逢己卯年。兩甲兩巳。各各相合而不

己巳　爭。大發其財。且尚在申運中。申子辰會局。煞化爲

印。己卯年卯申暗合。歲運相和。而能發跡者。原命巳宮丙火得力故

也。以上三造。爲禍福之顯著者。若財星非喜忌所關。則無休咎可見。

要宜察其配合如何。神煞之用。大都如是。

六合爲禍

今人皆知六冲非福。而不知合之爲禍。有甚於冲者。書云。六合爲災不可當。

官符亡刼一般詳。又云。合來神煞便爲凶。神煞如何一樣同。大抵六合不自爲

吉凶。合吉神則吉。合凶神則凶。合則氣聚。冲則氣散。吉神見合。因氣聚而

增福。凶煞見合。亦因氣聚而見禍。冲則禍福皆散。反不爲禍福。常人心無厭

足。增福未必感覺。禍聚便覺痛苦。茲舉例於下。

辛巳　45丙申　李國杰命。從革格失時。出身勳閥而不得志。日時亡神
辛丑　55乙未　劫煞相合。書云。亡劫不宜真六合。有合還宜有貴人。
庚申　不遇貴人兼尅主。人不傷我我傷人。尅主者。納音相尅
辛巳　也。辛巳長生之金。尅庚申絕地之木。貴人在月令。主

門戶之貴。承上蔭之福。不能解本身之凶。至申運。亡劫重合。然從革格至申。終是本身旺地。僅遭縲絏之災。至乙運。乙庚作合。羣劫爭財。己卯年正月被刺殞命。年五十九。從革至南方。運亦盡矣。

庚寅　31庚寅　徐新六命。丑亥夾子。財貴暗藏。己土卑溼。生於九
丙戌　41辛卯　秋。寒土用丙。煞印相生。雖爲銀行家。固捨財取印。
己丑　51壬辰　捨富而取貴者也。惜年命庚寅與時上乙亥劫煞。干支雙
乙亥　合。乃真六合也。卯運戊寅年。亥卯寅亥。重重合煞。

乘飛機遭難。年僅四十九。社會惜之。或問寅運亦合起刼煞。何以無恙。以理度之。逢煞看印。以印爲重。寅運丙火長生。凶中有解。卯運七煞。小人當道。運亦垂盡。凡以下無運者。禍輒生於上一運末。氣機之先見也。以上兩造。見於命中。如傅宗耀命。壬申。壬子。辛亥。癸巳。因巳亥冲。解巳申合。反不爲禍。亡刼喜冲忌合。信然哉。

辛巳　48丁亥　胡筆江命。與徐新六同時遭難。亦金融家也。辛金生於
壬辰　58丙戌　三月。支見寅卯辰。財旺成方。春金氣弱。更見壬水洩
辛卯　之。雖月令正印當旺。只能用刼。亥運驛馬。與庚寅
庚寅　刼煞相合。戊寅年歲運又合。同時乘飛機死難。年五十八。以下丙戌傷用。運亦盡矣。

戊戌　11癸亥　孫景揚命。八月壬水。金白水清。忌戊土出干。塞壬水
辛酉　21甲子　之流。用取寅宮甲木破戊。無如甲木爲酉丑金所包圍。

壬寅　31　乙丑　受病深矣。戊年見丑。爲暗金的煞。運行水木。順利無阻。交入丑運。旺卯入墓。的煞重逢。歲值丙子。與辛丑上下雙合。覆車殞命。年三十九。

辛丑　41　丙寅

大運亦至丑盡矣。總之六合爲祥是常規。爲禍是例外。六冲爲凶是常規。爲吉是例外。固未可一例論也。

（友人示予以胡斯悌命。辛酉。戊戌。辛亥。癸巳。亦是暗金的煞。喜巳亥冲散。大運至申。亡神的煞相合。被鎗殺殞命。）

會合解冲

三合會局與六合。原理不同。用法亦異。今人漫無分別。予於評註子平真詮時。亦從舊說。今於體驗之餘。覺得六合可以解冲。而三合則爲併冲而非解冲。冲者。六氣起迄相反也。（詳見子平粹言）假如寅申冲。寅年與申年之六氣。立於相反之地位。午戌同寅。則與申亦相反。故寅見申爲明冲。午戌見申爲暗冲。若寅午會局。將併力冲申。何能解冲乎。六合者。日月相會。卽是月將。如寅申冲。金尅木也。見亥合寅。則壬水洩庚金以生木。見己合申。則丙火制庚金以衞木。自可緩和冲激之勢。就會局言。喜神得會局則吉。忌神得會局則凶。就六合解冲論。喜冲得解則凶。忌冲得解則吉。烏能比而同之乎。從合起神煞論。則三合六合又有相同之點。合吉神則吉。合凶煞則凶。六合以牽連而合起。三合以會同而合起。其中同而不同之處。隨地異宜。在熟習者自能辨之。命理書專爲引導初學起見。姑作一例論耳。

天星

友人陳君。好學深思士也。不恥下問。嘗謂禮失求諸野。命理之學。自昔流入江湖。師師相承。必別有不傳之祕。因徧求盲瞽而請益焉。歷七八人不得當。最後一人。陳君所認爲確有真傳。不同流俗者。據伊語陳君。初從師習學命理時。月未盲也。習神煞竟。將進習天星。兩目忽盲。可見天星洩天地之祕。爲造物所忌。若悉竟其業。則推算無不準確矣。言下猶有餘憾。陳以語予。予曰子知天星爲何物乎。曰不知。因示以子平粹言古法推命篇天星起例。不禁嗒然若喪。良久。曰不意大受其欺。 予笑慰之曰。 此子問道於盲之結果也。夫何尤。雖然。非有心相欺。伊亦未之知也。盲瞽之中。師師相傳有此語。因子企求之殷。特神其說以自眩耳。神煞有驗有不驗。不及天星之較有把握。徐子平屏除神煞。專用天星。原所以示人以簡易。豈意後人數典忘祖。日事財官食印而不知其卽是天星也。

命理始於五星。子平法雖改用日干爲主。其看法仍沿五星之舊。倘不明十干化曜之源起。卽有無從索解者。試舉例如右。

背祿陽刃。 陽刃有三。(一)刼才陽刃。(二)護祿陽刃。隨筆第一輯中已詳述之。(三)背祿陽刃。三命通會云。『五陽干有刃。五陰干無刃。故曰陽刃。惟陰干見傷官。與陽刃同禍。（中略）有背祿刃。乙丙是也。』夫陽刃卽刼才也。背祿。傷官之別名也。何謂背祿刃。蓋陽干見刃。與陰干見傷。同爲天星中之天暗星。其看法徵驗有相同者。如乙見丙之例。後人不解其義。强加以背祿陽刃之名。而又曲爲之說耳。

合煞爲權。　七煞爲天刑星。陽干以刃合煞。陰干以傷官合煞。同爲天暗與天刑之相合。兩星皆　吉曜。相合相制。則化爲權。

天月二德一

滴天髓云。二德三奇虛好話。咸他驛馬半推詳。奇德果無用乎。要知論命以天星爲主。生尅制化。爲格局用神所自出。富貴窮通。胥定於此。神煞不過增減福力之用而已。生尅制化未有把握。神煞以不談爲愈。反爲研習之阻礙也。

天德有二。（一）自太歲出。起例詳粹言。不贅。（二）自月令出。卽普通習用之天月二德也。滴天髓所言二德。自係指後一種言之。二德皆起於三合會局。三合生旺墓。長生其氣方張。以退氣之陰干爲德。知止不殆也。墓庫落日餘暉。以進氣之陽干爲德。自強不息也。帝旺盛極逾度。無德可言。然二月坤宮未土。木之墓也。五月乾宮戌土。火之墓也。八月艮宮丑土。金之墓也。十一月巽宮辰土。水之墓也。旺極以墓爲德。善刀而藏。誡警之意可知。

凡命帶二德。其人愷悌慈祥。待人至誠仁厚。煞帶天月德。明敏果決而仁厚。食傷帶天月德。聰明秀慧而仁厚。書云。素食慈心。印綬逢於天德。良以秉性慈祥故也。書云二德以天德爲重。月德次之。臨財官印綬。加一倍福力。日干就是尤吉。大抵天月二德。關於人之性情居多。謹愼誠懼。待人誠厚。兇險之事自少。非謂命帶二德。凡事卽可以逢凶化吉也。若不知其原理而用之。是誠虛好話矣。

天月二德 二

人之個性。各各不同。正以秉賦不同故也。譬如化學分析。原質成份。各有不同之集合。茲就親友中相知有素者。舉例以證明之。

左造。乙未。己丑。庚午。丙戌。獨煞爲權。不居人下。用煞者性情明敏而果決。月令印綬。日主臨天月德。故明決之中。極端仁厚。明知虧而認虧。甯人負我。古道可風。

左造。丙午。庚寅。丁酉。壬寅。官星爲用。謹守規矩。丁壬淫暱之合。淫暱者。和易近人。俗語所謂隨隨便便也。月令印綬。日主臨天月德。故和易規矩而仁厚。

右造。壬辰。甲辰。辛未。壬辰。傷官主聰明。洩耗太過則巽懦。此造傷官太旺。月令印綬而傷官帶天月德。故巽懦而仁厚。

右造。辛巳。壬辰。壬申。戊申。時透七煞。性情明決。日主臨天月德。又透印綬。所謂素食慈心是也。

左造。己酉。丁丑。丁丑。庚戌。正財帶天月德。

左造。丙申。壬辰。壬辰。丙午。偏財爲用。日主臨天月德。財露見比刼。主剝耗重。財氣雖旺。用財散漫。所好帶二德。有仁厚之風。

書云。二德扶持。衆凶解釋。又云一生無險無虞。良以仁厚待人。自得化解。非謂吉曜加臨。卽無凶險之虞也。如

徐新六命。庚寅。丙戌。己丑。乙亥。月令丙火。二德臨於印綬。時透七煞。性情敏決而仁厚。加以亥丑夾子。乙己聚貴。然而無解於飛機之厄。（詳六合爲禍節）可見逢凶化吉之說。正未可誤會也。

天乙貴人

天乙貴人爲神煞中最吉之神。六壬選日。無不重視。命理中作何看法。迄無人能言之者。三命通會雖有紀述。膚泛而不扼要。閱之茫然。予於近來始有所悟。覆按命造。洵於五行常理外。别具一種徵象也。

天乙貴人本起於五合。故第一必須見合。方爲有用。第二須交互得之。紫虛局云。『貴人交互人多貴。旺氣相乘館穀資。切莫五行傷着主。令人閒地冷清漠。』李虛中命書云。『此格有三。干合爲上。如甲子己未是也。支合次之。如戊子己丑是也。無合爲下。如辛未庚寅是也。』其最緊要在月日時支干之合。太歲兼帶尤妙。非交互得者不論。日主生旺。無死絶冲破空亡。加以喜用配合適宜。則上格必居極品之貴。次格亦居清華祕要之選。下格則爲正郎員監。或州縣官。若帶死絶。爲鄙吝煞。以次遞減。且多難無福。但總不失一命之榮。此爲天乙貴人成格特殊之點。若干支無合。又不交互。乃庸常者流。點綴其間。不過解凶增福耳。如戊寅。庚申。己丑。甲子。甲己相合。交互得貴。乃上格也。無如秋土虛寒。甲木臨於絕地。寅申又冲破。僅爲一財政部郎中會計司長。又如辛未。甲午。甲午。辛未。午未支神合。交互得貴。乃次格也。無如甲木死於午。四柱無印。辛金官星臨於敗地。木枯金鎔。土無水潤。才不生官。僅一署武進縣缺。護理府篆。一生多難少福。此兩造若論五行常理。皆不足以取貴。非天乙貴人之力不至此。雖福澤欠缺。要不失爲貴格也。日主生旺。喜用得時者。如袁世凱命。己未。癸酉。丁巳。丁未。丁貴在酉。癸貴在巳。交互得之。雖無明合。巳酉之中。丙辛祿氣暗合。且又會局。此所以貴居極品也。

李虛中命書云。更有貴合貴食。有貴合。則官位崇高。所作契合。有貴食。則祿食豐足。所成過望。如甲戊庚貴在丑未。甲得己丑己未。戊得癸丑癸未。庚得乙丑乙未。乙己貴在申子。乙得庚子庚申。己得甲子甲申。丙丁貴在酉亥。丙得辛酉辛亥。丁得壬寅壬辰。如此之類。謂之貴合。甲食丙。乙食丁。丙丁貴在酉亥。甲得丙寅丙辰。乙得丁亥丁酉。庚食壬。辛食癸。壬癸貴在卯巳。庚得壬申壬戌。辛得癸巳癸卯。如此之類。謂之貴食。有貴合。則官多稱意。有貴食。則祿多稱意。二者兼之。官高祿重。』按天乙本取合神。貴合。卽上文之干神相合。而非交互得貴也。貴食。與福星相似。如甲見丙寅乙見丁亥之類。所不同者。不明見天乙。則取支神暗合。如丙丁貴在酉亥。不見酉亥。而取寅合亥。辰合酉。是巳。此兩種雖尚未有以證明之。然推原文之意。不過爲錦上添花之用。如貴合貴食合於需要。爲我喜用之神。有官。則官位崇高。有祿。則祿食豐足。得此點綴。分外稱意。其不能單獨成格。固可推而知也。

方局

成方與成局。相似而不同。方之氣純而雜。局之氣靜而專。故地支成方。宜用官煞。地支成局。宜透印刼。格成專旺。如曲直炎上之類。反之皆不以貴取。滴天髓云。『成方干透一元神。生地庫地皆非福。成局干透一官星。左邊右邊空碌碌。』生地庫地者。月令長生或墓庫也。地支成方。更見一長生或墓庫。則半會局。然支既成方。卽以方論。必須用官煞。方成貴格。若干透元神。格成專旺。不足爲福也。如寅卯辰全而見一亥字或未字。亥未見卯。雖半會局。仍以方論。不以格成曲直仁壽爲貴。如董其昌命。巳卯。戊寅。乙卯。庚辰。支全寅卯辰而透庚金官星。所以取貴也。若地支成局則反是。左邊右邊者。方之兩邊。臨官餘氣也。如亥卯未木成局。而生於寅月或辰月是也。成局而透官星。則雖生於臨官或餘氣之月。皆爲徒勞無功。如明崇禎命。辛亥。庚寅。乙未。巳卯。亥卯未全而生於寅月。因透官煞。雖爲帝王。終無結局。成方成局。同爲氣勢生旺。而看法之不同有如此。其原因卽在雜與專之別。滴天髓兩句。從前百思不得其解。經驗所及。方悟其理。語云。以思無益。不如勤學。

洵不誣也。

精神

滴天髓云。一清到底有精神。管許平生富貴真。精神兩字。見於無形。最難言之。予於子平粹言格局高低篇中。曾以真假虛實等六項。說明精神所寄。未能盡焉。譬如書家之字。畫家之畫。名人手筆。自有一種精神。若欲指明何筆爲精神所寄。無可說也。卽使照樣撫摹。一絲不走。亦僅得其形骸。失其精神。明眼人自能識之。命造亦如是。字字得用。配合却好。映帶有情。增一分嫌其多。減一分嫌其少。自具有一種精神。若前後稍有移易。或節氣略有進退。雖八個字全同。已有高下之别。此種地方。惟有多看名人命造。習之旣久。自能心領神會。非言語文詞所能形容也。

滴天髓又云。澄濁求清清得淨。時來寒谷也回春。澄濁求清者。有病得藥也。

去病要去得乾淨。亦具有精神。然有病可說。有藥可指。即着於痕跡。得時運相助。亦可以取富貴。不得時運。便難騰達。此精神之次者也。

標準萬年歷

各省通行之萬年歷。皆以前清欽天監本爲依據。監本推算。以北平經度爲準則。其交節氣之時刻。乃北平當地之時刻也。我國幅員廣闊。東極吉林。西極西藏。相距四十餘度。論其時刻。有三小時之差。茲以北平爲標準。列各省都會經度時差於後。照數加減。即爲各省當地之時刻。命理所重。在月與時。月者。一年中太陽所臨之宮度也。時者一日中太陽所臨之宮度也。曰陰陽。曰水火。旺衰强弱。胥視此以爲衡。其可忽乎。隨地加減。庶無負標準之美名。

各省時差表（逐月節氣交脫照此增減）

地名	東經	應加時分	地名	東經	應減時分
北平	116.5	無加減	山西	112.5	16.
天津	117.	2.	河南	114.5	8.
江蘇南京	119.	10.	陝西	109.	30.
上海	121.5	20.	四川成都	104.	50.
浙江杭州	120.2	15.	重慶	106.5	40.
安徽	117.	2.	湖北	114.3	9.
山東	117.3	3.	湖南	112.8	15.
福建	119.5	12.	江西	116.	2.
奉天瀋陽	123.5	28.	廣東	113.	14.
吉林永吉	127.	42.	廣西	110.2	25.
黑龍江	124.	30.	雲南	103.	54.
熱河	118.	6.	貴州	106.5	40.
			察哈爾	115.	7.
			綏遠	111.8	19.
			庫倫	107.2	37.
			新疆	88.2	114.
			甘肅	104.	50.
			青海	100.	66.
			前藏	91.	100.
			後藏	88.5	112.

【說明】萬年歷承前清之舊。以北平東經一百十六度半爲標準。偏東應加。偏西應減。是爲[illegible]差。經度一度。時差四分。例如北平午正。山東爲午正初刻三分。浙江午正一刻。而河南爲午初三刻七分。雲南爲午初初刻六分也。歷法每時分初四刻。正四刻。今列應加應減分數。照一刻十五分。一時一百二十分。合之卽得。

萬年歷月建大小。與通常頒行之歷。間有出入。其原因有二。(一)當局之禁忌。如光緒乙未年十二月大。丙申年正月小。無如是年元旦。適值日蝕。君主之朝。視爲不祥。因將乙未年十二月改爲月小。推下一日。則日蝕在初二。而正月爲月大矣。(二)推算有詳略。歷法以日月相會爲合朔。上次合朔與下次合朔。相距之時。爲二十九日。五三零五九零五三。小數詳略之間。相差一日。不能定錯誤之誰屬也。好在不過上下兩月之間。其有錯誤至數月者。是則爲外行擅改之過矣。

答客問一

客有以學習命理有何捷法秘訣相詢者。夫命理亦學術之一也。學習之法。與別種學術同。第一須理頭用一番功。第二循序漸進。初步純熟。再習第二第三步。自得迎刃而解。第三溫故知新。今人習命理者。喜新奇而忽於初步。是猶加減乘除之未熟。而學幾何三角也。不能應用。又何足怪。一書入手。約略翻閱。卽謂卒業。究之走馬看花。所得幾何。不求甚解。看如未看。一書不厭百回讀。讀一次有一次新得。此專門之書與普通之雜誌報章所不同之點也。命理之學。自昔流入江湖。若輩學無根底。間有精到之處。得自經驗。一枝一節。不求理解。卽所謂祕訣是也。至於穿鑿之論。附會之談。離奇怪誕。不可究詰者。又所在皆是。要知不特現在如是。從古已然。命理書中所搜集。卽多若輩之論議。故閱命理書。如開金鑛。黃金與泥沙雜糅。選擇辨別而融會貫通之。是在學者。

命理之書。以三命通會搜羅最爲廣博。惜體例不精。文字蕪雜。（詳納音節）非初學所能讀。僅可供參考之用。實爲一類書也。攔江網義理最精。而詞不達意。出於江湖人手筆。其十干十二月用法。似乎繁複。理實一貫。提綱挈領。全在五行總論。硬記無益。非熟習之不能領會而應用也。子平真詮與命理約言。出於文人手筆。文義暢達。惜失之太淺。不彀應用。初學讀之。最爲善本。滴天髓文詞優美。義理亦精深。略於普通。而注重變局。非初學所能領會。且其文字。故意藏頭露尾。亦爲識者所不取。子平四言集腋。作者頗思將紛如亂絲之命理。爲有秩序之整理。顧未脫窠臼。文字亦太簡略。星平大成。詳於星而略於平。名不輔實。其摘錄滴天髓各條。實爲任鐵樵徵義之藍本。非無一閱之價值者也。此外如星平會海。子平淵海之出於書賈之手。神峯通考之淺陋蕪雜。等而下之。不足道矣。（淵海爲子平淵源子平淵海兩書合併而成。失其精華獨到之點。故不足觀矣。）

研習命理之人。自來分兩派。一江湖。二書房。江湖派根底太淺。缺乏常識。經驗雖富。不能融會貫通。且志在謀食。不足以語於作者之林。固無足怪。書房派之研習。又多視爲消閑遣興之具。缺乏恆心與練習。義理較深。即似解非解。無確定不移之知見。一任術者信口雌黄。不能辨別其是非。此命理之所以失傳也。有志研習者。祇須反求諸已。長期練習。於古人之書。反覆研讀。自能旁通曲悟。（遇有不解之處。不妨擱置數月。再取閱看。自然能解。）溫故知新。歸而求之有餘師。先徧探古人已到之境界。然後百尺竿頭。再求進步。慎勿自作聰明。妄思創造。適所以貽識者之笑耳。

醫卜星相。職業自由。其修習亦自由。故程度萬有不齊。見解何能一致。不特命理如是。中醫學界。何獨不然。各是其是。互相訾議。醫理久爲士林所推重。猶不免此弊。況命理乎。所望研究者多。庶幾於至不齊之中。能以確定不移之理。爲齊一之陣線。學術進步。庶有豸乎。

從前研習命理。莫苦於岐路徬徨。無所適從。虛擲歲月。毫無所得。予子平粹言之作。即取上述諸書。刪繁節要。而爲之次第。（初擬爲函授之底本。）依此程序進修。大約少則一年。多則三載。必可畢業。命理普通常識已備。簡捷莫過於是。更求深造。則在各人之經驗與穎悟矣。

醫卜星相。皆道家之餘。修養之具。故習命理者。非但富貴窮通之念。淡然若忘。卽生死亦當置之度外。方能爲學問而求學問。若有絲毫未能達觀。當以不習爲是。人生爲未來之希望而奮鬬而生存。所謂未來希望。實至渺茫。研習命理而能澈底。則前途之希望斷絕。而人事亦幾乎息矣。至於研習方法。不外乎熟練。功夫到達。自能旁通曲悟。無所謂秘訣。惟研習之前。宜先取釋氏之書或老莊周易。熟讀而深味之。泯物我之情。齊生死之念。庶不爲世俗知見所囿也。

命理專門之學。不比小說雜誌。決不能以消遣得之。今人之病。在於食而不化。要知積穀盈倉。日食不過數合。方能消化。若併食之。非但無益。反而有害。命理全部之學識。欲於短期間中融會貫通之。何以異是。欲速則不達。爲今人之通病。鄙人學無師承。況學理研究。不能藉以營業。無可傳授。如有人組織學會。各出其研究所得。互相切磋。則極願附驥。雖義務所樂從也。

答客問二

或問五行以納音爲最古。次者五運六氣。見於內經。干支本身之五行。始於何時。何所根據。曰術數皆出於易。甲寄寅。乙寄卯。丙寄巳。丁寄午。庚寄申。辛寄酉。壬寄亥。癸寄子。戊寄辰戌。己寄丑未。此爲術數之所宗。至今壬遁猶沿用之。以干寄支。卽隨支辰所屬之行。寅爲日增月盛之木。甲寄寅。故甲進氣爲陽木。乙爲旺極將退之木。乙寄卯。故乙退氣爲陰木。命理所重在十二宮。生旺休囚之理。從卦氣脫胎而來。詳粹言。十二宮卽洛書九宮。亦卽文王後天入用之卦也。從前論命。天干則論財官食印。地支只談十二宮。猶其遺意。古者干支。所以紀歲月。十干者河圖之數。（卽天一地二之數）以支配卦。而有春夏秋冬之專屬。以干寄支。各隨當旺之氣以爲行。此干支五行之由來也。納音以干支配宮商。納甲納辰以干支配卦爻。別有寓意。於命理少關涉。即沍五運亦鮮顯著之徵驗。混而爲一。目迷五色。予曾枉費數載光陰。迄無所得。願學者有以正之。

選擇日時捷訣

上古聖人。窮天地陰陽之理。測五行生尅之原。以生旺扶助爲宜。刑衝破害爲忌。正所以示民知趨避之義。此選擇之立法所由昉也。後代因之。愈出愈岐。選擇之書。凡有九十餘家。而其說不一。六十甲子同此一日。此以爲吉。彼以爲凶。使人無所依據。殊失立法之本意。迨協紀辨方書成。始發揮精詳。歸於至當。是編遵按六十甲子年命。註出應避日期干支。以備擇日。復遵董公選要覽。選出六十甲子上吉之時。以備擇時。用者可擇本篇中董公選吉日之干支與年命無妨者。查取吉時。庶瞭如指掌矣。蓋此法行世。甚著奇驗。今特列此。以嚮閱者。亦末學之一助云爾。

六十年命應避日辰表

年命	應避之日	年命	應避之日	年命	應避之日
甲子甲午	甲子甲午 庚子庚午	甲戌甲辰	甲戌甲辰 庚戌庚辰	甲申甲寅	甲申甲寅 庚申庚寅
乙丑乙未	乙丑乙未 辛丑辛未	乙亥乙巳	乙亥乙巳 辛亥辛巳	乙酉乙卯	乙酉乙卯 辛酉辛卯
丙寅丙申	丙寅丙申 壬寅壬申	丙子丙午	丙子丙午 壬子壬午	丙戌丙辰	丙戌丙辰 壬戌壬辰
丁卯丁酉	丁卯丁酉 癸卯癸酉	丁丑丁未	丁丑丁未 癸丑癸未	丁亥丁巳	丁亥丁巳 癸亥癸巳
戊辰戊戌	戊辰戊戌 甲辰甲戌	戊寅戊申	戊寅戊申 甲寅甲申	戊子戊午	戊子戊午 甲子甲午
己巳己亥	己巳己亥 乙巳乙亥	己卯己酉	己卯己酉 乙卯乙酉	己丑己未	己丑己未 乙丑乙未
庚午庚子	庚午庚子 丙午丙子	庚辰庚戌	庚辰庚戌 丙辰丙戌	庚寅庚申	庚寅庚申 丙寅丙申
辛未辛丑	辛未辛丑 丁未丁丑	辛巳辛亥	辛巳辛亥 丁巳丁亥	辛卯辛酉	辛卯辛酉 丁卯丁酉
壬申壬寅	壬申壬寅 戊申戊寅	壬午壬子	壬子壬午 戊子戊午	壬辰壬戌	壬辰壬戌 戊辰戊戌
癸酉癸卯	癸酉癸卯 己酉己卯	癸未癸丑	癸未癸丑 己未己丑	癸巳癸亥	癸巳癸亥 己巳己亥

選擇逐日純吉時表

甲子午日 子丑卯午申酉時 吉	甲戌辰日 寅辰巳申酉亥時 吉	甲申寅日 子丑辰巳未戌時 吉
乙丑未日 寅卯巳申戌亥時 吉	乙亥巳日 丑辰午戌亥時 吉	乙酉卯日 子寅卯午未酉時 吉
丙寅申日 子丑辰巳未戌時 吉	丙子午日 子丑卯午申酉時 吉	丙戌辰日 寅辰巳申酉亥時 吉
丁卯酉日 子寅卯午未酉時 吉	丁丑未日 寅卯巳申戌亥時 吉	丁亥巳日 丑辰午未戌亥時 吉
戊辰戌日 寅辰巳申酉亥時 吉	戊寅申日 子丑辰巳未戌時 吉	戊子午日 子丑卯午申酉時 吉
己巳亥日 丑辰午未戌亥時 吉	己卯酉日 子寅卯午未酉時 吉	己丑未日 寅卯巳申戌亥時 吉
庚午子日 子丑卯午申酉時 吉	庚辰戌日 寅辰巳申酉亥時 吉	庚寅申日 子丑辰巳未戌時 吉
辛未丑日 寅卯巳申戌亥時 吉	辛巳亥日 丑辰午未戌亥時 吉	辛卯酉日 子寅卯午未酉時 吉
壬申寅日 子丑辰巳未戌時 吉	壬午子日 子丑卯午申酉時 吉	壬辰戌日 寅辰巳申酉亥時 吉
癸酉卯日 子寅卯午未酉時 吉	癸未丑日 寅卯巳申戌亥時 吉	癸巳亥日 丑辰午未戌亥時 吉

董公選摘要

四孟月（寅申巳亥四孟月。凡月份須依節氣推之。立春雨水爲孟春月。驚蟄春分爲仲春月。清明穀雨爲季春月。餘例推。）

甲子（妖星） 乙丑（彧星） 丙寅（禾刀） 丁卯（煞貢） 戊辰（直星）

己巳（卜木） 庚午（角巳） 辛未（人專） 壬申（立早） 癸酉（妖星）

甲戌（彧星） 乙亥（禾刀） 丙子（煞貢） 丁丑（直星） 戊寅（卜木）

己卯（角巳） 庚辰（人專） 辛巳（立早） 壬午（妖星） 癸未（彧星）

甲申（禾刀） 乙酉（煞貢） 丙戌（直星） 丁亥（卜木） 戊子（角巳）

己丑（人專） 庚寅（立早） 辛卯（妖星） 壬辰（彧星） 癸巳（禾刀）

甲午（煞貢） 乙未（直星） 丙申（卜木） 丁酉（角巳） 戊戌（人專）

己亥（立早） 庚子（妖星） 辛丑（彧星） 壬寅（禾刀） 癸卯（煞貢）

甲辰（直星） 乙巳（卜木） 丙午（角巳） 丁未（人專） 戊申（立早）
己酉（妖星） 庚戌（或星） 辛亥（禾刀） 壬子（煞貢） 癸丑（直星）
甲寅（卜木） 乙卯（角巳） 丙辰（人專） 丁巳（立早） 戊午（妖星）
己未（或星） 庚申（禾刀） 辛酉（煞貢） 壬戌（直星） 癸亥（卜木）

四仲月（子午卯酉四仲月）

甲子（或星） 乙丑（禾刀） 丙寅（煞貢） 丁卯（直星） 戊辰（卜木）
己巳（角己） 庚午（人專） 辛未（立早） 壬申（妖星） 癸酉（或星）
甲戌（禾刀） 乙亥（煞貢） 丙子（直星） 丁丑（卜木） 戊寅（角巳）
己卯（人專） 庚辰（立早） 辛巳（妖星） 壬午（或星） 癸未（禾刀）
甲申（煞貢） 乙酉（直星） 丙戌（卜木） 丁亥（角巳） 戊子（人專）
己丑（立早） 庚寅（妖星） 辛卯（或星） 壬辰（禾刀） 癸巳（煞貢）
甲午（直星） 乙未（卜木） 丙申（角巳） 丁酉（人專） 戊戌（立早）

己亥（妖星）　庚子（彧星）　辛丑（禾刀）　壬寅（煞貢）　癸卯（直星）
甲辰（卜木）　乙巳（角巳）　丙午（人專）　丁未（立早）　戊申（妖星）
己酉（彧星）　庚戌（禾刀）　辛亥（煞貢）　壬子（直星）　癸丑（卜木）
甲寅（角己）　乙卯（人專）　丙辰（立早）　丁巳（妖星）　戊午（彧星）
己未（禾刀）　非申（煞貢）　辛酉（直星）　壬戌（卜木）　癸亥（角己）

四季月（辰戌丑未四季月）

甲子（禾刀）　乙丑（煞貢）　丙寅（直星）　丁卯（卜木）　戊辰（角巳）
己巳（人專）　庚午（立早）　辛未（妖星）　壬申（彧星）　癸酉（禾刀）
甲戌（煞貢）　乙亥（直星）　丙子（卜木）　丁丑（角巳）　戊寅（人專）
己卯（立早）　庚辰（妖星）　辛巳（彧星）　壬午（禾刀）　癸未（煞貢）
甲申（直星）　乙酉（卜木）　丙戌（角巳）　丁亥（人專）　戊子（立早）
己丑（妖星）　庚寅（彧星）　辛卯（禾刀）　壬辰（煞貢）　癸巳（直星）

甲午（卜木）　乙未（角巳）　丙申（人專）　丁酉（立早）　戊戌（妖星）
己亥（彧星）　庚子（禾刀）　辛丑（煞貢）　壬寅（直星）　癸卯（卜木）
甲辰（角巳）　乙巳（人專）　丙午（立早）　丁未（妖星）　戊申（彧星）
己酉（禾刀）　庚戌（煞貢）　辛亥（直星）　壬子（卜木）　癸丑（角巳）
甲寅（人專）　乙卯（立早）　丙辰（妖星）　丁巳（彧星）　戊午（禾刀）
己未（煞貢）　庚申（直星）　辛酉（卜木）　壬戌（角巳）　癸亥（人專）

九星釋義

妖星　凡上官。嫁娶。起造。開店。移徙。入宅。犯之。一年內人口災凶。官司失盜。田宅退敗。

彧星　凡造作。嫁娶。移徙。上官。開店。葬埋。犯此。一年之內。百事衰敗。六畜死傷。生子不育。婦人淫亂。官司失盜。被人欺騙。

禾刀　凡上官。造作。起蓋。嫁娶。開店。移徙。犯此。一年之內。主疾病。孝服虎傷殺人之事。

煞貢（卽顯星）　凡造作。起蓋。嫁娶。開店。移徙。上官。造橋。葬埋。遇此。三年之內。祿位多增。田宅進益。主有貴子。父慈子孝。奴僕成行。所爲多吉。

直星　凡上官。嫁娶。開店。修造。葬埋。遇此。三年之內。有吉慶事。居官者加官。進祿。庶人百事稱心。生財發富。若遇金神七煞亦凶。

卜木　凡造作。嫁娶。移徙。開店。葬埋。遇此。三年之內。出風痰之人。又主火驚哀哭官司口舌。兄弟不和。財物耗散。六畜不旺。百事衰敗。

角巳　凡造作。嫁娶。移徙。開店。葬埋。上官。犯此。三年之內。主有腹疾枷杻失盜之厄。家業退敗之禍。

人專　凡造作。嫁娶。移徙。開店。葬埋。上官。入宅。遇此。一年之內。主生貴子。三年之內。有官者好官。無官者所爲吉慶。大發財穀。得外人力。

立早　凡造作。嫁娶。開張。上官。入宅。犯此。一年之內。人口失散。所爲不利。家宅破亡。豎柱。上樑。主匠人有火光之災。陰人口舌之禍。

以上九星。惟煞貢。人專。直星。能解諸凶。百事大吉。見玉匣記金符經。

日值十二用星釋義

建　建者健也。乃健旺之氣。宜出謁貴人。上書。行兵。習武。教馬。教牛。如正四七十一月。不宜出行。最忌架屋。葬埋。犯之。主出昏迷酒色妄行破家之人。值二。十。十二月。建日尤不可用。外此而有遇不將吉星多。亦不妨於行嫁也。

除　除者除也。乃除舊生新之義。宜療病。捉賊。除服。驅邪。治鬼。解寃愆。斷白蟻。塞鼠穴。告貪惡之人。逐凶害之類。最忌求官。上任。嫁娶。

葬埋。經營。出行。移徙。興造。等事。若動土。主宅母亡。療病。則男忌針灸。又云。除日婚葬修造而遇生旺。亦可用。

滿　滿者。豐豫盈溢之象。故宜造倉。修庫。作櫃。牧養。如合吉宿而架造。又主富足。婚姻結義完全好。開築池塘魚滿千。但號曰土瘟。切忌動土栽種服藥。尤忌葬埋。若移徙商販。於孟月亦忌。

平　平者。繩糾齊一之義。宜行船。收捕。治瘟。除災。剷削地基。平治道塗。泥飾牆壁。若行嫁。教畜。造葬。用此。總屬平常。如遇伐日。逢金禽值宿。出兵可除賊根。

定　定者。死氣也。忌移徙。入宅。經商。出行。見官。詞訟。修真。傳神。及栽種。修六畜欄枋。止宜冠笄。安床。求官。嫁娶。納采。祈福。裁製。安碓。若造與葬。縱得實義專日。及合日月宿。其福亦不全也。

執　執者。固執之謂。亦執持操守之義也。又有威儀勢權。宜捕賊擒凶。若造作婚葬。遇木宿登垣。或月宿寶義專日。主出文明賢士。船下水。招虫耗。修畜欄鷄栖。野獸損。

破　破者。剛旺破敗。凡事耗凶。尤忌婚姻。貿易。百不一成。惟有療病。針炙。求醫。服藥。破屋。壞垣。破賊。衝陣。可用。然必遇辰戌丑未月木宿乃吉。秀才值此赴考。又名爲破天荒。

危　危者。危險之形。高大之貌。荒唐之境。最忌登臨。歷險履淵。必有阻抑着驚之事。遇伐日燥弱威三宿。主見傷人之禍。如遇寶義專日。又值吉宿。大宜經營求官。與人交關。全得利益。亦宜安牀。惟葬造嫁娶爲凶。

成　成者。結果成就之義。凡事皆成。但主先難後易。終成和合。若更遇吉宿日吉。則造葬出貴人。嫁娶生貴子。求名名成。求利利達。若任事己成。亦不必再謀更移也。

收　收者。收成之義。又藏納之象。必遇寶義專日。又兼吉星好宿。最宜娶妻生貴埋葬出貴出行移徙入學納財取債收置倉廒收貯財物收買田房捕捉畋漁。利有攸往。詞訟宜我訟人。忌人訟我。又忌經絡行針放債。尤忌嫁造。修宅宜顯。陰地則要收藏也。

開　生氣之位。最宜上官。入學。架造。嫁娶。移徙。出行。開倉庫店。交易經商。穿井安碓。開放水。皆大吉。若遇太陽登垣駕日。主生貴子。進田產。增福祿之美。惟忌埋葬。反生大禍。季月亦忌動土商販。

閉　閉者。堅閉之義。大宜埋葬。主富貴。收金聚寶。不被偷盜。塞路築牆。作廁。掩井。祭祀。合帳帷。築塘岸。斷白蟻。塞鼠穴。造畜欄。若娶婦主守閨端靜。惟忌上任經商。出行移造。架造屋宇。治目針灸。開店分居。季月忌遠回。如入牢獄之中。則閉而不通。定主暗禍。

天乙貴人起例釋義

天乙分陽貴陰貴。陽貴起於先天坤位。故從子起甲。甲德在子。氣合於己。故己日以子爲陽貴。乙德在丑。氣合於庚。故庚日以丑爲陽貴。丙德在寅。氣合於辛。故辛日以寅爲陽貴。丁德在卯。氣合於壬。故壬日以卯爲陽貴。辰爲天羅。貴人不臨。故戊跨辰而在巳。氣合於癸。故癸日以巳爲陽貴。午與先天坤位相衝。名曰天空。貴人有獨無對。故陽貴不入於午。己德在未。氣合於甲。故甲日以未爲陽貴。庚德在申。氣合於乙。故乙日以申爲陽貴。辛德在酉。氣合於丙。故丙日以酉爲陽貴。戌爲地網。貴人不臨。故壬跨戌而在亥。氣合於丁。故丁日以亥爲陽貴。子在先天坤位。貴人不再居。故癸跨子而在丑。氣合於戊。故戊以丑爲陽貴。

陰貴起於後天坤位。故從申位起甲。逆行。甲德在申。氣合於巳。故巳日以申爲陰貴。乙德在未。氣合於庚。故庚日以未爲陰貴。丙德在午。氣合於辛。故辛日以午爲陰貴。丁德在巳。氣合於壬。故壬日以巳爲陰貴。辰爲天羅。貴人不臨。故戊跨辰而在卯。氣合於癸。故癸日以卯爲陰貴。寅與後天坤位相衝。名曰天空。貴人有獨無對。故陰貴不入於寅。巳德在丑。氣合於甲。故甲日以丑爲陰貴。庚德在子。氣合於乙。故乙日以子爲陰貴。辛德在亥。氣合於丙。故丙用亥爲陰貴。戌爲地綱。貴人不臨。故壬跨戌而在酉。氣合於丁。故丁日以酉爲陰貴。申在後天坤位。貴人不再居。故癸跨申而在未。氣合於戊。故戊以未爲陰貴。

訣曰　甲戊庚牛羊　乙巳鼠猴鄉　丙丁鷄猪位
壬癸兎蛇藏　六辛逢馬虎　此是貴人方

按以上釋義。錄自協紀辨方。最爲正確。貴人爲術數中最重要之神。從前祇知訣法而不知原理。歌訣有誤作甲戊歸牛羊。庚辛逢馬虎者。亦有陰陽貴互易者。莫能辨也。此在命理影響猶輕。而六壬則所關至重。鄙人於神煞之用。必先求其原理。實始於此。明其原理。則用法亦在其中矣。

日值十二用星起例

日\月	正	二	三	四	五	六	七	八	九	十	十一	十二	同宮神煞
建	寅	卯	辰	巳	午	未	申	酉	戌	亥	子	丑	兵福 小時 土府
除	卯	辰	巳	午	未	申	酉	戌	亥	子	丑	寅	吉期 兵寶
滿	辰	巳	午	未	申	酉	戌	亥	子	丑	寅	卯	福德 天符 天狗
平	巳	午	未	申	酉	戌	亥	子	丑	寅	卯	辰	陽月天罡陰月河魁 死神
定	午	未	申	酉	戌	亥	子	丑	寅	卯	辰	巳	時陰 官符 死氣
執	未	申	酉	戌	亥	子	丑	寅	卯	辰	巳	午	枝德 小耗
破	申	酉	戌	亥	子	丑	寅	卯	辰	巳	午	未	大耗
危	酉	戌	亥	子	丑	寅	卯	辰	巳	午	未	申	

成	戌	亥	子	丑	寅	卯	辰	巳	午	未	申	酉	天醫　天喜
收	亥	子	丑	寅	卯	辰	巳	午	未	申	酉	戌	陽月河魁　陰月天罡
開	子	丑	寅	卯	辰	巳	午	未	申	酉	戌	亥	時陽　生氣
閉	丑	寅	卯	辰	巳	午	未	申	酉	戌	亥	子	血支

年月日時吉神起例

吉神＼天干	甲	乙	丙	丁	戊	己	庚	辛	壬	癸	
天乙陽貴	未	申	酉	亥	丑	子	丑	寅	卯	巳	天乙陽貴陰貴起例釋義另詳
天乙陰貴	丑	子	亥	酉	未	申	未	午	巳	卯	
文昌	巳	午	申	酉	申	酉	亥	戌子	寅	卯	食神祿位也。丙戊丁己同位。故丙丁取財祿。
福星	寅	丑亥	子戌	酉	申	未	午	巳	辰	卯	本旬遁干見食神也。如甲遁干至寅為丙寅。以寅為福神。
天官	酉	申	子	亥	卯	寅	午	巳	丑未	辰戌	官星祿位也。

歲始建寅。故歲貴祿馬之干支。皆以五虎遁求得之。日時皆起於子。故日時諸貴祿馬之干支。應以五鼠遁求得之。

文昌者。天干祿元生地支所藏之人元也。如甲祿於寅。生丙火。而丙祿在巳。故甲以巳爲文昌。乙祿於卯。生丁火。丁祿在午。故乙以午爲文昌。丙戊祿在巳。生庚金。庚祿在申。故丙戊同以申爲文昌之類。獨辛不以生而以戌爲文昌。子丑辰未不與也。天學會通則辛年文昌在子。與果老稍異。茲並列之。以待高明鑒正。

又食神得祿。名天廚祿。如甲食丙。丙祿在巳。干支同見是也。與文昌同。惟丙取己戊。丁取午己。爲不同耳。

金神七煞起例

甲己年見午未日　乙庚年見辰巳日　丙辛年見子丑寅卯日

丁壬年見戊亥日　戊癸年見申酉日

本旬遁干見庚辛金神也。歲始建寅。用五虎遁。故丙辛有庚寅辛卯庚子辛丑四日。

辨　僞

術士好奇而嗜利。譌言繁興。此以爲吉。彼以爲凶。自漢褚少孫補吏記己言之。況又經六代唐宋元明清以來。其謬說又不知凡幾。二十四向而神煞盈千。六十甲子而術家盈百。以前民利用之具。而成惑世誣民之書。不可不辨也。顧流傳既廣。隨地而異。耳目難周。即所睹聞。亦難盡駁。兹舉隅開列於下。一律删之。作辨譌。

男女合婚大利月　諸家鑾駕起例諸名色　北辰帝星諸名色

撼龍帝星諸名色　都天寶照諸名色　都天轉運行衙諸名色

周堅羅星起例諸名色　星馬貴人吉凶方位　六賊課法一名六合出行一名出行起審
安葬諸空亡入地掃地冷地　四大魂星入墓　巡山廿四神煞
作灶赤眼圖局　紫微生氣卦　神煞別名
殃煞出去方　郭楊金鏡圖　嫁娶大小利月
嫁娶周堂　驛馬臨官　刀砧火血　支退流財　斗首五行　尊星帝星
上吉七星　上元下元　五合五離　滿德吉慶　冰消瓦解　滅門大禍
五符擇時　五運六氣　羅天大進　羅天大退　五姓修宅　逆血刃
九良星　暗刀煞　伏斷日　裁衣日　四不祥　的呼日
楊公忌　九僊日　門光星　門光尺　天遷圖　上官壇經
神在　密日　紅沙
章光　天狗　六道
支退流財　替宮

删異名

年月神煞。由來舊矣。術士好奇。每事捏造。造之不得。則猶是神煞而捏爲別名。又略爲改竄。以文其陋。而神煞由此日紛。卽如一浮天空亡也。又名之曰頭白空亡。又名之曰八山空亡。一坐煞向煞也。又名之曰翎毛禁向。又名之曰八山刀砧。而亦自厭其重複也。則於八山刀砧而加之以三合月。於頭白空亡而加之以八卦山。而又參互錯譌。世本遂並列之。以爲數煞。而莫之辨。又如六害則別名之曰陰中太歲陰中煞。小耗則別名之曰浮欄煞。而皆隱其本名。又如黃道黑道。則又別立名色。名曰明星黑星。而雷公與天岳吉凶互異。雷公卽青龍。本吉星也。天岳卽天牢。本凶星也。因天牢而別名曰天獄。因獄而訛嶽。又因嶽而訛岳。遂以天岳爲吉雷公爲凶。曹震圭邵泰衢已辨其誤。而未之改正。又如王官守相民日則衍之而至於十二。而又別爲福厚恩深等名。建除十二神己有同位異名。而又別爲朱雀貴人等號。夫神煞一也。而名號旁見側出。惑人實甚。今將查得各種異名。列表於後。槪行删去。此外難以悉舉。類推可也。

本名	應删異名	本名	應删異名	本名	應删異名
浮天空亡	頭白空亡 八山空亡	天德	天對明星 地財星 寶光星	守日	帝舍 斧頭煞
坐煞向煞	翎毛禁向 八山刀砧	白虎	天捧明星	相日	恩勝 孤辰
六害	陰中太歲 陰中煞	玉堂	天玉明星 天嗣星	民日	成勳
小耗	浮欄煞	天牢	天岳明星	獄日	徒日
青龍	雷公黑星	元武	陰私黑星	徒隸	隸日 宅空
明堂	劫儲明星 天壽星 財帛星	司命	天府明星 天寶星	牢日	地寡
天刑	蚩尤黑星	勾陳	土勃黑星	死別	喜神
朱雀	飛流黑星	王日	福厚 豐旺	伏罪	罪日
金匱	天寶明星 天財星	官日	天狗守塘 天寡	不舉	敗日 離日

本名	應刪異名	本名	應刪異名
建	福厚 地倉 白浪 朱雀	破	歲財星 天府星 覆舟 孤宿
除	捉財 貴人	危	穀將星 武庫 地輅
平	士曲 誅罰	成	天喜星 地雄 涂禍
滿	進爵 地蜼 土瘟 損傷	收	天倉星 田宅星 月命座 地破 破家煞 熒惑
定	歲德合 年魁星 五龍 極富星 三台星 顯星	開	天財星 青龍星 華蓋 五庫
執	歲支德 三財星 浮欄煞 哭曜	閉	轉官星 官國星 黑煞

謹按選日捷訣諸篇。錄自癸酉年星度月表附刊。簡捷扼要。非深於此者不辨。原書不署作者姓名。以意度之。迨出於欽天監者宿手筆也。錄之以光我篇幅。非敢掠美。如能廣其傳。亦所以解世俗之惑也。其中神煞名稱。與命理相關者至夥。如金神。天財。地財。從前所徧查而不詳其起例者。閱此篇皆不煩言而

解。其能爲命理神煞糾正。自不待言。爰贅數語。以誌景仰。

又星度月表。鄙人僅獲見癸酉年一冊。嗣託京津友人徧訪不可得。原書無出版地址。編纂姓名。及發售處所。無從覓購。專門之書。知音難得。銷路狹窄。而排印繁複。編述校對。均非專門人材不辦。政府無補助。社會不之重。其不能繼續出版。勢所必然。特是書絕版。而七政四餘之學。無法研求。從此亦將隨之而失傳。是又不僅爲是書惜也。

造化元鑰評註

緩期出版通告

造化元鑰評註。脫稿已久。無如紙價十倍於前。印刷開支。無不激增數倍。成本難划。推銷不易。且整數繳出。零星收回。雖無虧蝕之虞。數目一鉅。便非綿力所能勝。不得已緩期付印。以待時機。學術顯晦有時。或不致終於湮沒。如有熱心同志或書局願担任出版。無任歡迎。辦法面商。

本社積存未印稿件

造化元鑰評註　十二卷　已脫稿
子平粹言補　兩卷　已脫稿
滴天髓今詮　兩卷　屬稿中
珍本命書叢刊　參考用
一　唐李虛中命書
二　宋蘭台妙選
三　宋徐子平註三命消息賦
四　宋釋曇瑩註三命消息賦
五　宋李仝　東方明註三命消息賦
六　宋岳珂註三命指迷賦
七　宋李燕陰陽三命
珍秘抄本六壬說約
珍本天地範圍數

子罕言

古今名造閒評

樂吾隨筆之二

子罕言目錄

子平言

明太祖　洪武

戊辰
壬戌
丁丑
丁未

癸亥　甲子　乙丑　丙寅　丁卯　戊辰　己巳　庚午

三命通會以四庫全備爲貴人黃樞。又論格局四
位純全節　引寶鑑賦云。『辰戌丑未順布。帝

王君命無疑。』其理何在。未有明確之說明。
竊謂古法論命。以年爲主。子平法改用日元。
就大概論。日爲準確。而有一部份八字。仍當
參用年命。　其實亦非用年。乃以全局氣勢爲
主體也。滴天髓原註云。格象爲體。日主爲用
。即指此類而言。明祖造。四庫齊全。戊土偏
旺。火土傷官。變爲稼穡。秋土氣寒。以火爲
用。運行東南。大用以彰。四墓居於四維。支
辰整齊。各夾兩支。合於貴格。則光被四方。
若格局低下。則分居四局。氣勢散漫。與子午

卯酉同論。乃格局之增上緣也。若專從順逆全不全立論。未免入於魔道。洪武起兵在元至正十三年。至廿八年元亡。建都南京。改號洪武。時年四十有一。轉戰十五載。推其起兵之時。年甫二十五六。當在丑運中。墓庫沖動。顯然可見。三秋寒土。得陽和之氣。則生機蓬勃。萬物暢茂。明祖早年行北方運。顛沛流離。困苦已極。丙寅之後。運轉東南。火土相繼。統一寰宇。開有明三百年之宏基。其爲稼穡用印。而得辰戌丑未四維之拱。故能有此成就。所謂大方面格局是也。在位三十一年而崩。當在己未庚初運中。壽七十一。

清陶文毅公澍命。戊戌、乙丑、丙辰、戊戌。亦是火土傷官變爲稼穡。以丙火爲用。運行東南。土暖而潤。貴爲兩江總督。有萬家生佛之譽。陶生於乾隆四十三年十一月三十日戌時。爲遜清一代名臣也。

明成祖 永樂

庚子　辛巳　癸酉　辛酉

壬午　癸未　甲申　乙酉　丙戌　丁亥

癸水生於四月。絕地。火土當旺之時。無源之水。立見涸竭。故畏忌火土殊甚。今以滿盤印綬之故。轉弱爲強。反以月令當旺之才官爲用。此奇格也。名曰刼印化晉。晉、卦名。易、火地晉。癸水絕地逢生。滿盤皆金。印綬會局。癸水有恃而無恐。乘權秉令之火土。反而降心相從。雖用在財官。而格局之成。全在刼印。故云刼印化晉。此與獨水三犯庚辛之體全格有不同。體全格金白水清。以生於八月爲合格。用神在水。此則以生於四五月爲奇也。所恃在刼印。故生得此格者。必是承父兄之餘業。繼承大統。地位事業。不離蔭庇。財官、我之敵也。化敵爲友。反爲我用。事業之偉大可知。守成之主。大都用印。而永樂以北藩入主中樞。取建文而代之。特蔭庇而不盡在蔭庇。其中盈虛消長。顯然可見。運至丙戌丁。遂以藩封登帝位。此造與張學良將軍造頗相似。特張造無此純粹。亦無此佳運耳。

子罕言　三

子罕言

明思宗 崇禎 生於萬歷三十八年庚戌
十二月廿四日卯時是年十二月廿三日立
春作辛亥年推

辛亥　1己丑
庚寅　11戊子
乙未　12丁亥
己卯　31丙戌

初春嚴寒未解。木氣甫萌。宜陽和之煦拂。忌金水之浸淫。嫩木見金。固畏戕賊。初春遇水。尤忌冰凝。乙木生於寅月。支見亥卯未成局

四

。木成形象。無如乙庚一合。忌神膠固而不可解。辛庚並見。煞來混官。乙木輸情於庚。而辛金爲撓。知見兩岐。賢奸莫辨　舉棋不定。端在於官煞之混雜　倘時干透一丙丁。尚可挽救。無如丙火藏於寅中。寅亥一合。丙戊爲壬甲所制而不能用。不得已只能用亥宮壬水。洩金生木。金水皆在年上。年爲祖基。地位及艱危之任。與陰庇以俱來。初春之水。陰濃溼重。反生爲剋。陰庇之福。變爲切膚之痛。願生生世世毋生帝王家。其精神上之痛苦可想。滴天髓云。成局干透一官星。左邊右邊空碌碌。官爲忌神。時上己土。反生官煞。己土財星。

乃侍奉我之人。而亦暗助敵人。當時環境。顯見於命者如此。欲不亡國得乎。崇禎戊辰年登基。年十八。在子運中。甲申年殉國。年三十四。在丙運末。太歲對沖月令。庚金得勢。門戶盡破。若原命透一丙丁。庚辛雖混。同在去之之列。一將當關。羣邪自伏。其爲禍或不至如此之烈。憂勤歇勵十七年。卒不能挽回危局。雖由於天啓後土崩瓦解之勢已成。亦由於官煞混雜。知見不明。心餘才絀故也。寅亥合起亡神。原爲不令終之徵。而官印爲仇。又不能不用官印。是則受病之根也。

子罕言

清聖祖康熙

生於順治十一年三月十八日午時

甲午
戊辰
戊申
戊午

1 己巳　11 庚午　21 辛未　31 壬申　41 癸酉　51 甲戌　61 乙亥　71 丙子

此造據造化元鑰所載爲丁巳時。而七政四餘命書爲戊午時。兩時之用相同。而戊午聯珠夾祿夾貴爲尤美。今從之。此造初視之。不見有何好處。而細察之無一缺陷。渾渾穆穆。福澤之厚。無與比倫。三月土旺之時。木有餘氣　土厚宜甲木疏闢。而甲木出干。偏官須財星相生。而申辰拱子。兩午冲子。逢煞看印。而有年時午火。才官印全備矣。辰午夾巳。暗藏丙戊之祿。午申夾未。暗藏甲戊之貴。戊土中正。有火溫之。有水潤之。支辰聯珠、暗夾祿貴以輔之。所忌惟金。而庚金退處於無權。四柱純陽。尤見光明正大。五行配合。毫無缺憾。豈必以有病爲貴哉。聯珠夾拱非奇。所可貴者。辰巳巽宮。未申坤宮。午火離宮。支辰聯珠。適占巽離坤三宮。南面當陽。氣吞全局 遜清以異族入主中夏。民心未服。設無康熙。早亡國矣。康熙九歲登基。在巳運中。十四歲誅鰲拜。親政。在庚午運。入後削平三藩台灣。開博學鴻詞。收羅遺老俊彥。文治武功。各臻其極。方之歷代帝王。唐之太宗 猶有慚德。黃孽禪師云。唐虞以後無斯盛。天縱之聖。非尋常也。木死於午。而午又爲陽刃。康熙晚年。頗受諸子爭儲之苦痛。殆以此歟。

清高宗 乾隆 生於康熙五十年八月十三日子時

辛卯
丁酉
庚午
丙子

16 6	3626	5646	6766
丙申 乙未	甲午 癸巳	壬辰 辛卯	庚寅 己丑

五行精紀云。「子午卯酉。入格爲四極全備。失局爲徧野桃花。男女犯之。雖富貴不免荒淫酒色。薄德之人。」善哉言也。此造火、相成。格成煞刃。固大格也、又兼大方面格局。氣象宏偉。然瑕瑜不相掩，雖文治武功、盛極一時。而酒色荒淫。隋煬之亞也。普通命造。以官煞混雜爲忌。嫌其向官向煞。宗旨無定也。獨有庚金生八月。官煞並見。反爲所喜。庚金非丁火煆煉。不能成器。而秋深氣寒。非兼有丙火之暖。不能致用。丙丁各有所長。各得其用。不以混雜論。故造化元鑰云。「八月庚金，剛銳未退 用丁甲、丙火不可少。」此氣候與性質之巧値也、眞寶賦云。「地全子午卯酉。成大格而文武經邦。杜則己亥寅申 更奇儀而威權震主。」此造時透七煞。年透陽刃。陽刃合煞。威權萬里。加以四仲全。聲威達於四

極。則威加四海矣。（參閱明太祖造）而六次南巡。野乘所載。豔聞軼事。不爲無因。史冊歌功頌德。舉酒色荒淫之失政。悉爲隱晦。不知命造八箇字中。歷歷如繪。無可逃遁也。崩於嘉慶四年。壽八十九。

清代嘉慶之後。如世家中落。保家之子。其命皆不足觀。從略。

清德宗 光緒 生於同治十一年六月廿八日子時

光緒之造。相傳生於同治拾年辛未六月廿八日寅時。嗣承拂日樓主人見告。光緒實生於拾壹年壬申。屬猴。同治之崩。事出倉卒。臨時抱入宮。立爲帝。恐外人譏其沐猴而冠。特增一歲。布告天下。月日均未改。此清室祕密掌故也。拂日樓主爲李文忠公後人。與清室有葭莩誼。非傳聞可比。更以命理按其環境與事實皆密合。其眞確可知。特錄之以供命理之參考。

壬申　　2 戊申
丁未　　12 己酉
辛巳　　22 庚戌
戊子　　32 辛亥

辛金生於立秋前五日。金雖進氣。而土掩金光。辛金淸輕之氣。畏丁火之尅。亦懼戊土埋金。辛巳日坐長生。仍嫌太弱。只能取金水爲助。方能敵煞。丁壬合煞爲權。格局非不佳也。無如壬申在年。除祖蔭帝位外。別無事業可言。金生於土。而未宮火土。無生金之理。生而無情。入繼過房之命。戊土亢燥。時值土旺。又得祿於巳。厚土埋金。印重爲病。其受太后之壓迫。顯然可見。戊土通根於巳。妻宮助母爲虐。亦顯見於命。尤奇者丁火鎔金爲懼。得壬水合去丁火。所以存辛金也。無如戊土出干。塞壬水之流。而護丁火之鬼。太后庇護榮祿。種種掣肘。使不得行其志。亦由命定也。己未夾午而透丁火。鬼煞聯枝得勢。局而牢不可破。寥寥八箇字。而兩宮齮齕。權貴把持。歷歷如繪。豈亡國君王。處境特殊。格外顯見耶。原命如是。雖有佳運。無能爲力。酉庚兩運。幫身最佳。漸得親政。庚末戌初戊戌年。尅去壬水。幾遭廢立之禍。殂於戊申年。在辛未亥初。年三十七。

復次此造爲六陰朝陽格。惜官煞破格。秀氣有損。子水乾涸。便懼戊土埋金。有煞先論煞。生於六月。丁火餘氣猶盛。至戌運旺煞投墓。戊戌庚子兩役。盡在此運中。至亥丁火絕地而殂。巳爲刼煞。子巳暗合。其崩殂有不可問者矣。(參閱隨筆六陰朝陽)

清遜帝宣統 生於光緒三十二年正月十四日寅時

丙午
庚寅
壬午
壬寅

9 辛卯
19 壬辰
29 癸巳
39 甲午
49 乙未
59 丙申

此造或云丙午時。作從才論。要知庚壬並透。母子相依。從而不從。寅與午無殊也。壬水無根。庚金亦臨絕地。而寅午會局。丙火出干。火之勢象已成。五行從其重者。似乎不能不從無如印刼相生。從才破格。此在八法關鍵中。名爲類象　類化氣而不成局。類印綬而不成印。多疑別人之力。入繼過房之命。又云　生而不生。過房入繼之人。其所引庚戌，戊寅、庚午、丙戌、一造。寅午戌成局。庚金臨絶而有印比生助。類從而不從。與此造極相似。金類火局。濁而不清。爲富貴不久之命。守成之主。與保家之子相同。恃上蔭爲福。大都用印。印臨絶地。蔭福盡矣。印爲母。偏印爲繼母。除裕雖有扶持之心。何能爲力。既不能令。又不受命。進退失據。壬辰癸十五年。幫身運。猶嫌才多身弱。入後運入財鄉。行將俯仰隨

子平言

人。欲不從而不可得矣。所奇者清太宗造。壬辰、辛亥、辛亥、丙申。以金水汪洋始。至宣統造。以金水衰竭終。光緒造己嫌金水衰竭。然猶有年上申宮一點餘蔭。引至時上子水。爲臨去秋波。至宣統而眞絶。貞元之理。始終相應。其不可測有如此。

子罕言

袁世凱 咸豐九年八月二十日未時

己未
癸酉
丁巳
丁未

8 壬申
18 辛未
28 庚午
38 己巳
48 戊辰
58 丁卯

丁火昭融。生於酉月。火之死地。衰微已極。好在支臨巳未。暗夾午祿。氣聚南方。反弱爲強。月令才旺生煞。獨透而清。煞、我之敵也。丁貴在酉。癸貴在巳。羅紋互換。各有所恃。而年干己土。爲我所生。丁己同得祿於午。親切有情。未酉夾申。爲己土之貴人 己土、食神也。亦有祿貴之助。力能制煞而有餘矣。日元丁巳。身乘驛馬。天干丁己癸三字皆得貴。而日主更得祿馬相輔。身強用煞。化煞爲權。屬下皆爲貴人。宜其威權蓋世 一時無兩矣。年時兩未。華蓋重逢。壺中子云。「重見華蓋。更得祿馬秀氣扶持。當封爵。』支辰聯珠夾拱。占巽離坤三宮 惜其偏而不正。（且不全。參閱康熙造。）爲帝爲王。固有不足。若秉旄建鉞 節制數省。爲一方重鎮 固恢恢有餘。晚節不終。時代使然也。四柱純陰 權謀機變。魏武之亞。午巳己三連。由山東巡撫而北洋總督。小站練兵。權傾中外。名重一時。戊運合癸。制過七煞。韜光養晦。辰運、七煞入墓。回光返照。東山再起。入主白宮。日暮途窮。帝制自娛。書云。旺煞投墓。佳壽難延。丙辰年墓地重逢而殂。年五十八 在辰運末。

徐世昌 咸豐五年九月十三日辰時

乙卯
丙戌
癸酉
丙辰

5	15	25	35	45	55	65	75
乙酉	甲申	癸未	壬午	辛巳	庚辰	己卯	戊寅

癸水生於九月。失令無根。專用辛金發水源。癸臨酉上。用神親切。月令財官兩旺。乙木食神。生助財星。不洩癸水。不傷官星。卯酉隔位。不破印綬。此言其大概也。地支卯戌辰酉。兩合不沖。酉戌西方。卯辰東方。東西對峙

。癸寄坎位。丙寄離宮。坐北向南。兩序夾輔。卯酉乃日月之門。辰戌爲魁罡之位。此是何等氣象。所謂大方面格局是也。貴氣暗藏。非仔細體察。不能卒辨。造化元鑰載一造。癸亥。丙戌。癸卯。甲寅。亥戌寅卯夾輔。亦貴爲總督。四柱缺印。較之徐造。尙覺遜色。凡大方面格局。以整齊爲貴。若不整齊。卽無可取。支辰散漫。最易忽略。極不易看。癸未運。科甲聯登。壬午運。因丁艱而叅戎幕。開後來北洋之局。辛己庚印綬正運。由卿貳出任總督。進至協揆。辰己運。溼土生金。衆望所歸。進位白宮。戊午就任。壬戌卸職。在位五載。國內小安。寅運金臨絕地。己卯年歲君犯日。逝世。壽八十五。

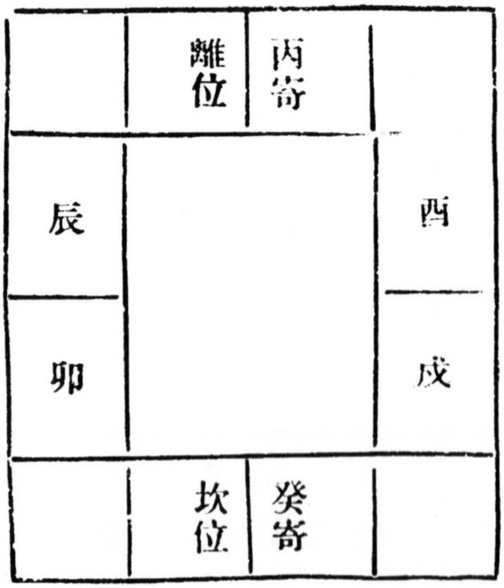

	離位	丙寄	
辰			酉
卯			戌
	坎位	癸寄	

段祺瑞 同治四年二月初九日未時

乙丑
己卯
乙亥
癸未

1戊寅 11丁丑 21丙子 31乙亥 41甲戌 51癸酉 61壬申 71辛未

曲直仁壽格。仲春陽壯木渴。得癸水潤澤。則勳名鼎盛。見丙丁吐秀。爲文學詞臣。如李文忠公鴻章命。癸未、甲寅、乙亥、己卯。亦以癸水出干取貴。金聲玉振賦云。「曲直兼資乎印綬。仁聲播九有以無窮。」洵經驗有得之論也。以印爲用。故不忌西方運。就格局論。較李造爲遜。李造、月令寅宮。丙火暗藏。文治武功。各有成就。特文治爲勳名所掩耳。段造、四柱無火。有武功而無文治。此其一。卯爲祿。李造、時上歸祿。晚歲威權赫弈。功名終始。段造、月令建祿。時上歸墓。卸甲歸田。東山養望。此其二。專旺格局。以純粹爲貴。段生於丑年。見亥爲驛馬。雖祿馬會局。而丑爲金之分野。有脫離祖基。別創局面之象。大丈夫投筆從戎。斯固不足爲段之病。惟曲直不純。亦爲不及李造之點。此其三。專旺格見官煞爲破格。故以食神爲子。段造、時透梟印。臨於墓上。無子之徵。李造、時上見財。暗破梟神。終於多子。兩相比較。優劣自見。然李之地位。不過一北洋總督。而段爲全國執政。此中國之所以扤揑不安乎。卒於辛運丁丑年。時犯歲君。老年風中之燭。遽殞大星。壽七十三。

吳佩孚 同治十三年三月初七日卯時

甲戌
戊辰
己酉
丁卯

5 己巳
15 庚午
35 辛未
25 壬申
55 癸酉
45 甲戌
65 乙亥
75 丙子

大方面格局。最不易辨。前於徐東海命中。曾詳言之。此造亦大方面格局也。所不同者。徐造、才官旺而身弱。故須用印。此造身旺而才官弱。故用才官。徐造、卯戌辰酉。兩合不冲。此造辰戌卯酉。兩冲不合。因此不同。徵驗便巽。三月土旺秉令。喜甲木疏闢。年上正官得用。官以才爲引。而才備辰中一點墓庫之水。將涸之泉。不足以潤木。故早年南方運。才臨絕地。困頓異常。壬申癸酉運。才旺生官。一發如雷。甲戌運、枯朽之木。善刀而藏。乙亥運、七煞逢生。外魔迭至。因兩冲之故。年月辰戌逢冲。祖業凋零。早年困頓。日時卯酉逢冲。老而無子。晚歲邅迍。土居中央。而卯辰酉戌。東西夾輔。氣象偉大。時來運至。建牙開府。領袖羣雄。官星爲我之君。雖威權赫奕。終爲曹之輔。甲巳相合。君臣魚水。雖有戊土兄弟。不能間也。就格局論。較東海爲遜。非特兩冲。用在才星則勞。用在印星則逸。福澤不如也。甲己中正之合。性情梗直不可屈。用才見刼。兩袖清風。其廉潔不貪。爲天下所共仰。雖然。人爵之貴。何如天爵之尊。人爵在人。不能與命爭衡。天爵在己。非命所能範圍。倔強哉此翁。精神不死矣。乙運、煞來混官。已卯年、乙木得祿。七煞乘權得勢。卒於十月。壽六十六。

張作霖

光緒元年二月十二日丑時

乙亥
己卯
庚辰
丁丑

4 戊寅
14 丁丑
24 丙子
34 乙亥
44 甲戌
54 癸酉

時上正官格。月令財星秉令。財旺生官。與宋子文命極相似。（見下）四柱同出甲戌一旬。暗藏丙子戊寅兩干支。丙火長生在寅。明見丁官。暗藏丙煞。氣勢更緊。宋握財政總樞。富與貴兼。與財旺生官之格相符。張何以為元戎武貴。豈非以表面之用在官。實際之用在煞故耶。書云。明干有用明干取。明干無用暗中求。此造丁官明見。張在前清。以趙爾巽知遇恩而得志於時。官星得用。顯然可見。光復之後。獨專方面。坐鎮遼疆。而時會所趨。終為假曹之亞。亦以用官之故。然屢次逐鹿中原。威權震主。正以丙煞暗藏。不甘人下故也。支辰四字。聚東北兩方之氣。張雖領袖羣雄。而聲威所及。不出東北範圍。入主中樞之願。終未能償。分野關係之重有如此。書云。「用官者，行財運而發官」。乙亥甲十五年。固當盛極一時。戌運、官星入墓。書云。「旺煞投墓。

佳壽難延[illegible]。戊辰年、兩辰冲戌。卒遭皇姑屯之變。殞命。年五十四。戌運之後。亦無運矣。變起戌末、宜哉。

再二月庚金絕地。雖藉辰丑溼土相生。庚金不弱。然財旺生官格局。何能貴爲時代之雄。才星旺極。何能更行財運。不知乙庚相合。亥卯暗冲巳酉二宮。與丑會局。庚金旺於無形。書云。莫言死絕最爲凶。起死回生福反祟。極弱變爲極旺。而用得時秉令之財以生官。便爲大貴之徵。至於財旺生官。官臨天乙。格局之清。其餘事耳。

梁士詒　同治八年三月二十四日午時

己巳　戊辰　丙申　甲午

10 丁卯　20 丙寅　30 乙丑　40 甲子　50 癸亥　60 壬戌

梁爲交通系領袖。民國初年。有五路財神之目。蓋總握京漢京綏京奉京浦隴海五路也。觀其命造。頗足資研究。丙火生三月。陽氣漸壯。水輔陽光。以見壬水爲貴。土旺秉令。有晦火塞壬之患。故必以甲木爲輔。此造申宮藏壬。

而戊己並透。晦火之光。得時上甲木出干。掃除塵埃。丙壬之氣自顯。眞神得用。必貴之品。此論其用也。戊祿在巳。己祿在午。而旺於辰。食傷太多。得申宮一點庚金洩其秀。財歸坐下。鉅富奚疑。申宮壬水爲煞。丙火陽刃在午。煞刃相合。威掌兵柄。則不但富貴。必曾兼握兵符矣。食傷佩印爲正格。食傷生財與煞刃。皆爲附格。年月戊辰己巳屬甲子旬。日時甲午丙申。中夾乙未。居甲午旬。地支辰巳午申。聯珠夾未。爲戊甲之貴。丙貴在酉。而辰合酉。己邀酉。午破酉。得酉貴虛神之用，是爲貴擁。年命己土之貴在申。天干四字。皆得貴人。而日主丙火兼得祿旺。氣象堂皇。局面偉大。其富與貴。自非尋常。食傷爲我所生。皆有祿有貴。可見繼起有人。英豪輩出。其爲一派一系創始領袖人物。理固顯然。如袁項城之爲北洋派領袖。亦爲繼起有人故也。運程以寅乙丑甲二十年爲最。丑運暗冲未貴。在前清末年。己握五路總權。至甲運。正印得時。進位閣揆。總握財樞。民初承前清之舊。賦稅尚輕。庫空如洗。仰仗財神。大有斯人不出。如蒼生何之概。至子運。子申會局。財化爲煞。因財致禍。借外債供袁帝制。遂爲叢謗所集。從此之後，韜光匿彩矣。

林森 同治七年正月十八日酉時

薩鎮冰孟恩遠附

戊辰

甲寅

丁卯

己酉

3	13	23	33	43	53	63	73
乙卯	丙辰	丁巳	戊午	己未	庚申	辛酉	壬戌

世傳姜尚八十遇文王。梁灝八旬魁多士。此另一類生成晚達之命。如今國府主席林森。及前海軍總長薩鎮冰。前吉林都督孟恩遠。皆其類也。

丁火生於正月。支全寅卯辰。木盛火塞。四柱無官煞可用。專取一點財星破印。反剋為生。丁火賴以昭融。春金無氣。非待運至西方。金之大用不顯。運自月建起。生於寅卯月而運至西方。不論順推逆推。皆在中年之後。謂為晚達。誰曰不宜。寶鑑賦云。四柱印多財露。太公八十遇文王。特以丁火生正二月為尤著。木主仁壽。非壽何能晚達。此格昔人未有言之者。姑名之曰金風掃葉格。林造或云戊申時。格局無殊。以林妻子俱喪推之。當以己酉時為是。今從之。

薩鎮冰命。己未、丁卯、丁卯、乙巳。

子罕言

孟思遠命。己未、丁卯、丁巳、丙午。薩孟兩造、均是木燥火寒一類、食神旺、自能生財。而巳宮庚金長生、病在偏印太旺。故必待財星破印而後顯、氣局不及林之整齊。而丁巳得祿、財乘驛馬。亦自有其優點。造化元鑰載一造、戊子、乙卯、丁巳、丁未。註云。『晚年庚申辛酉運。連捷成進士、位至閣老。用在巳中庚金。』亦此類也。可見局中需要之神。非得時得地不顯。若作木火從旺論則誤。孟造帶卯巳午三台、元鑰所載戊子造。巳未夾午祿、亦帶三台。然此不過增加格局之貴。至於其所以貴、端在用神合於需要。所謂眞神得用是也。凡夾拱聯珠。無不當作如是觀。

閑談一

傅宗耀命。見叢談一四頁。排印時案未發也。此造好在巳亥冲解巳申合。現行未運。亥未會局。流年庚辰。辰亥又合。因合解沖。復引起巳申之合。變起肘腋。豈曰無因。運亦至未盡矣。

蔣奉化

光緒十三年九月十五日未時

馮玉祥附

丁　亥

庚　戌

己　巳

~~辛~~庚　~~未~~午

8 己酉　18 戊申　28 丁未　38 丙午　48 乙巳　58 甲辰

土金傷官佩印。論格局者。名之曰金神入火鄉。三命通會云。金神即暗金的煞。甲己日值巳酉丑三時是也。（乙丑己巳癸酉）夫命理以月建提綱爲重。若甲己日生人而值巳酉丑三時。

子　罕　言

不問提綱。即謂非入火鄉不可。未免近於武斷。（古法以五運爲眞五行。甲己日值巳酉丑時。即土金傷官也。）子平法、凡秋金乘旺。統名金神。三秋旺金秉令。土洩而寒。得火補救。爲成格之因素、造化元鑰云、三秋寒土。旺金洩氣。得火補土元神。此人名魁天下。五福完全。蔣造生於九月。正合此格。戌宮藏火土金、天干亦透火土金。體用同宮、雖陰陽干殊。其氣則一。強金逢火煉、強迫就範。自有一種威武不屈之精神。武、極品。決爲元戎。地支戌亥乾宮、巳未夾午離位、後天之離。即先天之乾。先後天同位。此君象也。故爲領袖之尊。巳爲驛馬。午爲暗祿。未爲華蓋。華蓋得祿馬秀氣扶持。當有封爵之貴。（見袁造）惜有祿馬而無天乙。輔佐之人。爲缺點耳。證以往事。運入火鄉。功業彪炳。現行乙巳運。或以傷官見官爲慮。不知傷官佩印。其用在印。官生印旺。何足爲患。運以方爲重。火局不破。決無妨礙。惟乙見庚爲和。明生印綬。暗助傷官。肘腋之間。變生不測。前年乙亥冲動巳宮。拾月建亥。遭狙擊之險。丙子年、冲動午祿。十一月建子。遭西安之變。往事可徵。現行巳運。丙火臨官。庚金長生。道高魔重。亦固其所。且此造年命甲申旬。午未空亡。

日時甲子旬。戌亥空亡。亦格之奇也。

馮玉祥命。壬午、庚戌、己酉、庚午。

馮造亦是土金傷官佩印。壬透丁藏。格局便遜。己土臨酉。元神暗耗。氣勢不壯。又少離乾卦位之貴氣。運程不入火鄉。有魔強法弱之慨。兩相比較。格局高低。顯然可見矣。

按三命通會談暗金的煞爲金神七煞。似是而非。相沿成習。而無嚴格之考正。此從來談命者之弱點也。金神起例詳選日捷訣。的煞起例詳粹言。乙丑、己巳、癸酉、爲甲己日本旬遁干所見之時。非金神、亦非的煞。後人又誤己巳時爲己巳日。轉展附會。宜乎通曾亦疑其無驗也。

閑談二

或謂名人命造。知其事實而推闡之。故能若合符節。誠是也。要知求經驗之法。首在多看知其事實之命造。以後便可循此途徑推闡。不合。更求其不合之原因。且舉一反三。知優便能知劣。此研習之訣也。

子罕言

汪精衛 光緒九年三月二十八日巳時

癸未
丙辰
戊申
丁巳

10乙卯　20甲寅　30癸丑　40壬子　50辛亥　60庚戌

日祿歸時。又値祿馬同鄉。戊祿在巳　未年驛馬亦在巳也。三月戊土。喜丙癸兼資。丙爲太陽。癸爲雨露。日晒雨潤。萬物得遂其生。丙戊祿在巳。癸之天乙亦在巳。申辰拱子。癸得暗祿。吉神薈聚。名爲聚斂精英。戊土尙重。

生於土旺之時。本宜甲木疏闢。但歸祿成格。反以不見官煞破祿爲大貴矣。辰巳、巽宮也。未申，坤宮也。夾離宮午字。而丁火出干。神完氣聚。宜爲領袖之尊。早年乙卯甲寅運。官煞破祿。寅運辛亥年。謀刺攝政。幾遭不測之殃。戊土當旺。印運固好。食傷財運、皆可行得。行印運福重而逸。食傷才運位尊而勞。壬運、才星太旺。破丙印。辛勞特甚。子運、暗沖午宮正印。領袖中樞。位至行政院長。亥運沖巳。祿馬逢沖。風波起伏。非吉運也。所幸亥宮甲木微弱。不足以破戊祿。至戊寅年。寅亥六合。木旺破祿。被迫下台。己卯年、亥卯

會局。亦非吉。庚辰年、夕陽雖好。辛巳年、歲運又見沖激。原命戊與癸合。雖不化。日主有向財之嫌。巳申合起劫煞，非橫之災特多。此其缺點。六十一交進庚運。一派坦途矣。

四言獨步云。『八字聯珠。支神有用。造化逢之。名利增重。』聯珠夾拱。所以增美其格局。錦上添花。使貴者益貴。富者益富。格局高下。當於此中辨之。所重在支神有用四字。所拱之物。更當辨別其有用無用，有害無害。非可一例論。若有害。反損格局。如光緒之造是己。論命當以用神爲主。而輔以拱夾等法。若捨用而專論拱夾。則失之矣。

胡漢民

光緒五年十一月初七日酉時

己卯
丙子
丙子
丁酉

4 乙亥
14 甲戌
24 癸酉
34 壬申
44 辛未
54 庚午

丙火生於冬至前。一陽伏而未動。非用印比生助。不能解凍除寒。丙丁出干。卯木在年。印比為用。固甚明顯。地支財官印三正俱備。子為帝座。正對端門。午卯酉為日月出入之門。東西夾輔。支辰子卯酉。缺一午字。而兩子冲午。丁己並透。得午之虛神。丙火光被四方。氣象偉大。惜乎傷乘印位。劫坐財鄉。戌中有敗。若易為丁卯己酉。生生不息。源遠流長。豈不美乎。加以運行金水之鄉。體用皆不得地。日元太弱。不足以任才官。所以虛有名位。所如輒阻。不得行其志。午運丙子年逝世。年五十八。

閻錫山

光緒九年九月初八日亥時

湯薌銘 商震 張人傑 張敬堯 許世英附

癸未　10庚申
辛酉　20己未
乙酉　30戊午
丁亥　40丁巳
　　　50丙辰
　　　60乙卯

閻造爲食神制煞格。夫人而知之。書云。『秋木盛。煞高有制。無有不貴。』是亦籠統之談。秋氣蕭索。生機內斂。甲木進氣。非通根寅卯不爲盛。乙木退氣。只要有根。便不畏剋洩。此甲乙木性質之別。秋木枯憔。全恃配合得好以成貴格。配合不離丙癸。丙爲太陽。癸爲雨露。日暄雨潤。木氣乃盛。二者相輔而行。造化元鑰云。『秋分前癸先丙後。秋分後丙先癸後。』即指配合而言。八月辛 當旺。無丙可以用丁。乙木性質漂浮。無癸用壬。但非上格。明乎此，方可以論閻湯商諸造。

閻造，癸未乙酉丁亥。年日時中。暗夾甲申丙戌兩干支。未酉夾申。爲乙木之天乙。酉亥夾戌。天廚之庫。時逢丁亥。福星貴人。好在聯珠夾丙戌。暗藏丙火。有日暄雨潤之妙。年時亥未。遙會拱卯。兩酉沖卯。祿貴皆暗藏。格局之美。全在不見之形。末運末年。乘時崛起。坐鎮西北。光復以來。二十餘年。巍然爲各省都督之魯殿靈光。非偶然也。

湯薌銘造。癸未、辛酉、乙亥、丁亥。

較之閻造。相差僅亥酉一字。亦暗藏祿貴。惟非干支聯珠。缺丙火陽和之用。便覺遜色。日時兩亥。壬水太旺爲病。雖亦貴爲都督。得意僅在戊運五年。所謂去病爲貴也。食傷正運。反因水旺氣偪而減色。湯七歲運。現已交進乙字。明年太歲辛巳。兩造皆見晦。此又不同而同者也。

商震造。戊子、辛酉、乙未、丙子。

癸雖不透而有子水。其用維均。時逢丙子。合於六乙鼠貴之格。惜有貴無祿。暗拱缺如。地位雖高。福澤較遜。宮室之美。室家之好。悉見於外。一覽而盡。至丙運位至省主席。乙未日坐身庫。木氣迴光返照。此一派一系之貞元也。

張人傑命。丁丑、己酉、乙未、辛巳。

己酉丑會局。而辛金煞透。在八法關鍵中。名爲鬼象。好在日坐身庫。而未宮乙丁己並透。丑中藏癸。巳中藏丙。太陽雨露俱備。七煞旺而有制。亦貴爲省主席。八月乙木無氣。丙癸不透。木被金傷。雖貴不免殘疾。

張敬堯命。辛巳、丁酉、乙卯、己卯。
此造亦爲鬼象。書云。本身乘旺而逢鬼象。反爲貴命。又云。身煞全彰而有制。主勇暴而貴顯。惜生於秋分前而無癸水。專恃丁火制煞。所謂不以德化而用力制也。秋木雖盛。何能敵當旺之金。恃丁火制之而已。一生以午癸兩運爲最佳。有己土、癸不傷丁。而能化煞也。位至湖南督軍。壬辰運癸酉年。兩酉破祿。被刺殞命。

許世英造。癸酉、辛酉、乙丑、辛巳。
日主無根。因有癸水。煞印相生。木之生機不絕。究嫌乙木太弱爲病。非能用煞者也。七煞

連枝成局。勢成包圍。所恃僅一點癸印。叨七煞間接之蔭以自存。得力在巳。巳宮丙火得祿。介乎兩大之間以取貴。丙癸兩全。故成貴格。日元太弱。受制於人而不能制人。雖地位至省長閣揆。虛有名位。福祿俱嫌不足。

某君造。癸卯、辛酉、乙丑、癸未。
四柱無丙。便是尋常人物。尤嫌卯酉一沖。乙祿破盡。丑未一沖。身庫亦破。未中一點丁火。亦被傷剋。雖行食傷制煞之運。無補原命之損傷。

總上諸造。格局高低之間。自有一種標準可循。一經比較。顯然可見，特難以空言說明之耳

。研習命理有經驗者、諒不河漢斯言。

閑談三

學習命理之法。不外乎熟練。熟能生巧。秘訣即在其中。譬如麻將撲克。倘看『麻將入門』『撲克速成法』等書而不練習。試問能否進步。此不待煩言而解也。或問熟練須至如何程度。曰。一分熟練。一分功夫。十分熟練。十分功夫。熟練無盡期。功夫無止境。

子罕言

張學良 光緒二十七年四月十七日子時

辛丑　癸巳　壬子　庚子

9 壬辰　19 辛卯　29 庚寅　39 己丑　49 戊子　59 丁亥

四月丙戌司權。火旺土燥。水至四月。其氣已絕。特巳宮庚金長生。巳丑會局　溼土生金。壬癸絕地逢生。七煞化印。加以滿盤印刧。弱中轉強。反以當旺之火土爲用。名刼印化晉格。見上明成祖造。此格以癸水爲正　壬水進氣。較旺於癸。反動之力略差。貴亦較遜。此格之成。由於印旺。生得此格。必爲王孫貴介。繼承統緒之人。地位之貴。襲自上蔭。化煞爲權。繼掌大業。恃蔭庇而不盡在蔭庇。均與永樂同。所不同者。此造以煞刃爲附格。壬子日坐陽刃。月垣七煞乘權。陽刃合煞。身爲元戎。自握兵符。日時重刃。必須用煞。刃旺煞輕。尤須才旺生煞之運。方得顯其大用。（據友人某君云。張確是庚子時。非己酉時。某君與張爲總角交。朝夕相處。親爲推算。非傳聞可比。）月垣爲父母宮。而天乙加臨。偏才爲父。而値祿貴。其父之爲顯貴可知。壬水有刃有貴而無祿。威權雖重。福澤較差。是亦不及永樂之點也。印刼太旺。非行才煞之鄉。曷克有濟。明永樂得丙戌丁十五年才旺資煞之運。繼承大統。重振明室。此造己丑戊十五年。雖爲官煞旺地。總嫌北方寒溼之土。美中不足。且丑運有合刃之嫌。子運有重刃之累。此豈獨張之不幸乎。

白崇禧

光緒十九年正月二十四日午時

癸巳
乙卯
戊申
戊午

2 甲寅
12 癸丑
22 壬子
32 辛亥
42 庚戌
52 己酉

二月戊土。官星秉令。官得才生。顯而易見。所奇者支聯卯巳午三台。（卽乙丙丁三奇）卯巳夾辰。財星歸庫。午申夾未。暗藏貴人。戊祿在巳。癸貴亦在巳。乙祿於卯。貴人在申。天干四字。無不得祿貴。頗與袁造相似。顧所用者爲官星。官者、我之君。以官爲用者。必有所輔之君。如吳孚威張作霖皆是。官星當旺。有祿有貴。則其君必爲得時得位之英雄。而君臣魚水。有恃乎賢內助之聯絡維持。蓋乙之貴在申。申宮庚金。爲乙木所輸情傾向者也。聯珠夾拱。祿貴相輔。才官又同得祿貴。時勢造英雄。非此公而誰屬。一派一系之開創領袖。固當之無愧色。現行庚運。官値傷官。流年庚辰。尚在庚運末。未可樂觀。過此之後。交入戊己運。身旺任才官。行見烈烈轟轟。現代之管樂也。

宋子文

子罕言

光緒二十年十一月初八日卯時

甲午　1 丙子
乙亥　11 丁丑
庚辰　91 戊寅
己卯　31 己卯
　　　41 庚辰
　　　51 辛巳

財官為命理中之第一格。然官得財生、與財旺生官不同。官得財生者。官星得財相生。如上吳白兩造是也。財旺生官者。財星太旺。得一點官星洩財之氣。如此造是也。所用在財。官星不宜明見。明見便是正官格。若見食傷。財便不能生官。書云。『財不畏多。多則暗生官。』又云『大貴者用財不用官。』即指財旺生官而言。此造好在日主庚辰。魁罡自旺。能任財官。否則。冬令衰竭之金。財多身弱。反為財所困矣。亥宮壬水當旺。得亥卯會局。食神之氣。盡洩於財。不損官星。亥午之中。丁壬作合。暗助財旺。乙木得祿於卯。乙庚相合。財星就我。月日時在一旬之中。力量倍增。財旺暗生官。配合中和。斯為可貴。現行庚運財露見比。不以吉論。然冬金洩氣之時。比劫為助。未始非福。特財祿之盛。至卯運已到極峯。未必再有所增進耳。辰運財有餘氣。或再登台。風景不殊。河山變色。盛極難為繼。當有不勝今昔之感耳。

孔祥熙　光緒六年八月初二日申時

庚辰
乙酉
癸卯
庚申

7 丙戌　17 丁亥　27 戊子　37 己丑　47 庚寅　57 辛卯

乙庚作合。辰酉作合。卯申又暗合。滿盤皆金。唯一點癸水洩其秀。水淺金多。書云。「獨水三犯庚辛。號曰體全之象」是也。母旺子衰之局。只有金水取貴。水木、木火、火土、土金、皆無取。如一造、乙未、丁亥、丙寅、乙未。木多火寒而無金。享蔭庇福而已。古人單言金水。非無因也。金水以清澄爲貴。乙木出干。塵氛爲掃。乙爲食神。食神帶合。主爲官有權印。印綬重叠。坐享其成。書中所論。至此而已。過於簡單。似未足以窮其奧　前論明太祖造。「有一部份命造。當以全局爲主。參用年命。」此造亦屬是類。若以年命論之。庚金歸祿於申。四柱無官煞破格。癸水傷官傷盡。乙庚相合。財來就我。財星得祿於卯。王謝鄧通之富貴。得於賢能內助之力。金水雖清。何以能貴居極品。則以卯辰申酉夾巳午未南方。兼大方面格局故也。二者當參而論之。凡大方面格局。首在支辰之整齊。九宮十二宮之位置。爲整齊與否之標準。原爲貴格。益增其福。否則。寬泛無當。雖兼帶亦無益也。

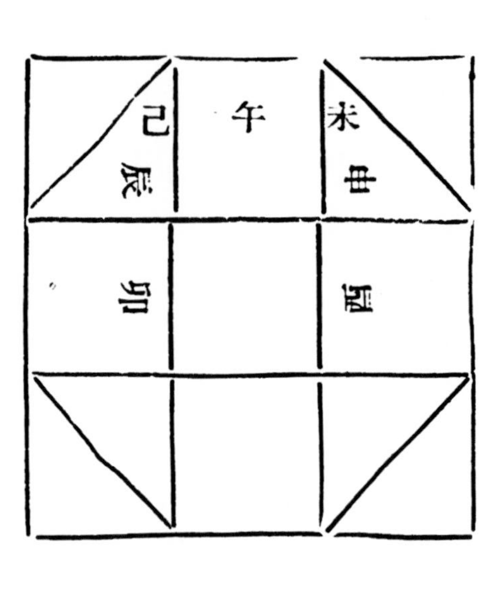

賀耀祖

光緒十五年四月初四日辰時

己丑
戊辰
己卯
戊辰

10 丁卯
20 丙寅
30 乙丑
40 甲子
50 癸亥
60 壬戌

己爲卑溼之土。生於辰月土旺之時。八箇字中。土占其七。厚重極矣。然日坐卯木。不能作稼穡格論。三月木有餘氣。丑卯辰夾寅。木氣旺於無形。有禾稼在田之象　卯宮乙木。不能疏土。惟有取才相生　禾稼茂盛。卽所以顯土之大用。乃稼穡格之變也。以理論之。此造當然己巳時而非戊辰時。厚重之土。得陽和鼓盪。則生機蓬勃。月令墓庫之水。足資潤澤。更行才生煞旺之鄉。則苗勃然興起。逢煞看印。雖用在才煞。配合不能無印。戊辰時陽和不足。貴不至極。發不能驟。且爲紅豔桃花也。土生四季。其用不同。乙木柔弱。非生於三春。亦不足以取貴。造化元鑰載一造。乙丑、丙戌、己未、戊辰。支聚四庫。土重而透乙木。似稼穡格而不成。與此造略相類。無如生於三秋。枯草不榮。僅爲一教諭州同之冷官耳。命理貴賤。全在有情無情之間。兩造相較。軒輊顯分矣。

周佛海

光緒二十年四月廿八日辰時。

丁酉
乙巳
丁亥
甲辰

8 甲辰　18 癸卯　28 壬寅　38 辛丑　48 庚子　58 己亥

財官格。四月丙火秉令。丁仗丙威。不旺自旺。炎烈之火。非水莫濟。好在日元丁亥。坐下官貴。丁壬上下相合。官貴合起。地位益增。年月己酉會局。財通門戶。官得財生。富貴奚待外求。現行辛丑。財星得地。宜乎官運亨通。明年辛己。日犯歲君。而己丑會財局。冲處相生。逢凶化吉。惟官貴搖撼。局面變動。或有所不能免耳。

趙鐵樵命。丁亥　乙巳、丁酉、甲辰。

趙生於光緒十三年閏四月初十日辰時。與周造一字無差。惟酉亥地位互易。看法便有不同。丁酉日坐財貴。巳酉會局。所重在財。財旺生官。而亥宮官貴。合於年干之丁。其貴當在上代。本身之貴。偏重於財。故爲官營業之領袖也。亥年見辰。名自縊煞。爲非正命之徵。（張竹霖亦犯此煞）辛丑運辛未年。歲運相冲。日犯歲君。比刼奪財。官星在支　不能爲救。猝遭狙擊殞命。

名人命造。傳聞異詞。憑五行之理。論干支之情。妄言妄聽。正不必問其準確與否也。

樂吾識

小告白

命理四種。售罄已久。再版之滴天髓徵義。存書亦已無多。紙價飛漲。成本難划。售完爲止。不再付印。　謹此預告。

姑妄言之

樂吾評稿

燧錄

東海樂吾氏重訂潤例

推算命運。事出無聊。徒耗精神。無關得失。諸君子。不嫌詞費。請照潤例。法幣跌值。非清談漲價也。早晚不談。精力不繼。勉強敷衍。彼此無益。諸祈諒之。

面談　五元　下午二時至五時止　略批本　拾元

普通批本　念元　詳批本五十元　先談後批念元起

時辰不準委託研究百元起　潤資先惠十日回件

不論有無紹介概照潤例

民國二十九年孟秋改訂

收件處　乾乾書社　靜安寺路戈登路口一一二二弄慶福里九號　電話三四八二一

姑妄言之

東海徐樂吾評稿選錄

左

光緒四年戊寅三月二十九日寅時

戊寅
丙辰
己卯
丙寅

2丁巳 12戊午 22己未 32庚申 42辛酉 52壬戌

己土卑溼。生於辰月水庫。支全寅卯辰東方。春土膏潤。春木繁殖。加以丙火出干。陽和日暖。木愈暢榮。土之大用愈顯。宜可平步青雲矣。然細按之。煞印相生。丙火已兩見。三月丙火進氣。再行火土之鄉。則嫌太過。旱田無水 禾稼將枯。如入水鄉 財星破印。則官煞混雜。生官星同時生煞。財官印一無可取。貴從何來。忌見財星。又非商界。暮春木旺之時。而官煞成方。氣勢盛極。得丙火正印。官煞不爲我敵。反間接爲我之助。一生事業。藉大力者提攜覆陰以成功。不勞心力。福享現成。丙戊生於寅。年時兩見。其陰福淵源。來自上代。裕垂後昆。惜己卯爲進神咸池。及身便見消敗耳。運惟食傷爲最佳。暗生財星。不破印

姑妄言之

綬。兼可裁抑官煞之旺。庚申拾年。間接得官貴之陰。非政非商。致富百萬。有是命自有是福。信然哉。辛酉拾年合丙沖卯。雖見消散。猶有餘福。至壬運破印生官煞。己土不足以當之。心勞力拙。戌運癸酉年日如蔑君。重重破耗。內外交迫。甲戌年逝世。

左二

光緒八年壬午五月廿二日戌時

壬午
丁未
丁未
庚戌

10 戊申
20 己酉
30 庚戌
40 辛亥
50 壬子
60 癸丑

丁火生於小暑節後兩時。正丁火當旺之秋。火旺土燥。需要壬水潤澤。方成既濟之功。年透壬水。如大旱之逢霖雨也。又得庚金洩旺土之氣。爲壬水之源。眞神得用。富貴奚疑。無如初交小暑。金水皆未進氣。兩丁爭合一壬。精神分散。尤可憾者。庚壬皆不通根。財官浮而不實。通會云。支有財官。干頭不露。自足爲福。支無財官。干頭明露。乃虛詐無實之命。縱行旺運。亦不濟事。年月丁壬午未。上下左右相合。如滴水入於洪爐。戊未土多亢燥。只取時上庚金洩旺土之氣。行官旺鄉。反激火土之燄。行財運雖可洩傷生官。總嫌比刼疊疊。壬水被合。制刼無力。享用雖較安適。意志總難舒展。蛟龍失水。困於泥塗。將入亥運丙寅年。前途希望。正將開展。遽夭天年。豈非命歟。根源淺簿。遇旺地而不榮。亥未會木。官化爲印。寅亥合木。又助火旺。佳運之中。最怕會合起變化。禍生不測。非詳求干支之理。又烏乎知之。兩丁合壬。琴絃斷而復續。子卜三枝。

姑妄言之

左　光緒八年壬午九月十二日丑時

壬午
庚戌
乙未
丁丑

5 辛亥　15 壬子　25 癸丑　35 甲寅　45 乙卯　55 丙辰

乙爲卉艸。時際三秋。艸木黃落。午戌會局。有枯艸自燔之象。好在乙未日坐身庫。得壬水正印灌溉。根潤枝榮。乃能任庚金之官。官印皆以丑爲根。而丑未相冲。官印在年月。引至時上。乃被冲破。利於早年。不能蔭及晚歲。印

姑妄言之　四

爲嫡母。一生恃萱堂之陰。乙庚相合。情向乎官。而庚金官星。亦恃壬水制火潤土。方得存在。畢生祿位。亦有恃乎慈母之陰。月令正財用事。日時丑未。偏才相冲。妻妾之間。不免多事。就命而論。乙木枯槁。庚金又退氣。雖乙庚合官爲貴。官印相生。其地位總覺平庸。不知午戌會局。木燼金鎔。見壬水旋乾轉坤。病重得藥。自有一種精神。庚金官星。貴在丑未。得天乙之助。乙庚合起。更爲錦上添花。惟此種命造。全仗運助。滴天髓云。澄濁求清清得淨。時來寒谷也回春是也。運行北方。壬水得地。乘時而顯。幼享蔭下之福。長得官貴之助。一帆風順。尤以丑運天乙照臨爲得意。位至軍需正署理鹽運司使。固一實缺司道地位也。大運至丑而止。甲寅洩壬水助火局。乙木槁矣。戊辰目盲。己巳逝世。年三十八。

閑談四

醫卜同出一源。與生理最有密切關係。凡病之不治者。輒見於命。惜命書中所言病之見徵皆無當。若能精究其致病之源。而籌挽救之法。安見命理之無益於世哉。

左

光緒十三年丁亥六月二十五日卯時

丁亥
戊申
辛亥
辛卯

2 丁未
12 丙午
22 乙巳
32 甲辰
42 癸卯
52 壬寅

七月庚金得祿。辛金不旺自旺。然細按之。辛亥金臨病位。辛卯金臨絕地。日元所恃。僅申宮一點庚祿。申宮壬水長生 亥宮壬水臨官。三重傷官。洩耗辛金之神。其勢不能不籍戊土以爲救。亥卯會局。丁火出干，辛金珠玉之質。不經煅煉。逢煞看印。其勢亦不能不藉戊土以化煞。辛金忌戊埋金。然局勢生成。不能不用戊土。則其不能脫穎而出。亦顯然矣。書云年上傷官。父母不完。歲煞出干。終身有損。幼失怙恃。亦固其所。戊土厚重不生。義同偏印繼母。然而制傷化煞。生我何殊。年月煞印相生。上蔭之福。從祖基而來。甲木藏支。不傷戊印。富貴固所自有。秋金以水淺金多爲貴。喜其清也 今壬水太旺。反籍戊土之制。金水失其清。富由上蔭。貴非清祕。聰明太過。反無所成。亥卯財局。有破印生煞之嫌。內助無力。辛卯九醜。更屬忌神。子息宮尤多難言之

姑妄言之

痛。早年南方運。煞印旺地。出場鋒鋭。頗有發榮之象。運轉東方。財旺破印。生機索然。此造用極難取。財傷煞印。岐路多端。當參閱子平粹言十干選用法。

閑談　五

地球圓形自轉。晝夜以分。我國甲子日。在歐美當爲乙丑或癸亥日。以何處爲起迄。赤道之南。我國春夏。彼方秋冬。歲時不同。此有待於曾游歐美之學者。體驗而審定之。

左

光緒十六年庚寅十一月十一日午時

庚寅
戊子
丁丑
丙午

5 己丑　15 庚寅　25 辛卯　35 壬辰　45 癸巳　55 甲午

冬至一陽潛伏。丁火退氣。尤爲微弱。得丙午時。轉弱爲強。喜月令偏官乘旺。雖歸祿破格。而用神得時秉令。問取貴之徵也。無如子丑一合。戊子上下又合。冰雪之淸。化爲泥漿之水。明敏果決之才。一變爲顢頇迂腐之性。如胡適之命。辛卯、庚子、丁丑、丁未。與此造相類。好在丑未一冲。解子丑合。才生七煞用印。便成貴格。今爲午時。子丑之合。膠固不可解。且戊土高透。丁火燈燭之光。在陽氣潛伏之時。容易被晦。不得已惟有取庚金以洩食傷之氣。然戊子之合可解。而子丑之合不可解。終無益耳。庚金在年。除祖蔭外。無事業可言。妻宮丑土。合住子水。受損於無形。喜用在財。好合無間。子丑混合。日元旺無所洩。其情傾向於食傷。而食傷爲忌神。思想之流露。無一非聰明才智之累。在事實上無一非顢頇糊塗之表見也。六合之爲禍。有如是者。

左

光緒二十年甲午四月十八日巳時

甲	己	甲	己
午	巳	子	巳

5	15	25	35	45	55
庚午	辛未	壬申	癸酉	甲戌	乙亥

甚矣命之難言。時爲歸宿之地。其重要僅亞於月令。設有錯誤。所關非細。今人於自己生時。每不自知。因此而斥命理之無驗。命豈任其咎乎。此爲友人某造。原爲戊辰時。甲木生四月病地。精華盡洩。炎威日盛。葉悴枝枯。

姑妄言之

非藉子水潤澤。不足以扶其生機。其取子水爲用神。固無可疑。運程以壬申癸酉二十年爲極盛時代。大體亦不謬。然細按之 戊辰爲紅豔桃花。兩甲爭合一巳。而巳土得祿於午。己爲妻星。其情向乎年干之甲。妻宮子水。印奪財星之位。子午遙冲。情不相容。勢必睽違。戊土偏才而帶紅豔。得時秉令。旺於門戶。寵妾奪妻。掌持家政。固勢所不能免也。但於事實不符。置之案頭者有年。一日忽悟。當是己巳時。甲己兩兩相合。夫婦和諧。印居妻宮而爲喜用所在。懼爲財所破。子午遙冲。當因妻家而受損失。然因妻星和合之故。雖被累而不怨。

八

巳爲庚金長生之地。子卜三四。甲巳中正之合。性情誠厚。子巳祿氣往來。月日與日時俱暗合。合多不爲貴。書云。過於有情。志無遠達。得過且過。無雄心遠志。雖有壬申癸酉二十年盛運。不過碌碌庸常。生活舒適而已。無事業貢獻於社會也。詢之事實。一一皆合。因決定改正爲己巳時。

左 光緒二十二年丙申二月二十七日午時

丙申
壬辰
壬辰
丙午

9 癸巳
19 甲午
29 乙未
39 丙申
49 丁酉
59 戊戌

嘗謂格局之中。壬騎龍背。最爲無聊。倘生肖可以取格。則壬戌當云壬坐狗背矣。其中別有意義。非常人所能領會耳。六壬所臨爲申子辰寅午戌。壬申壬子如大海之水。汪洋浩瀚。非戊土隄防不爲功。而壬寅壬午壬戌又嫌太弱。非刼印生助不能存。惟有壬辰。不旺不弱。故書云。申爲發水之源。辰爲納水之府。千源會北。萬折朝東。水至東方。浪息波平。辰宮戊土雖不足以止水。而壬水亦無泛濫之憂。況壬癸之貴在卯巳。辰居其中。前後貴擁。枉見寅午。夾拱卯巳貴人。格局多以貴取。書云。壬辰多貴。壬寅多富。此壬騎龍背之所以單獨成格也。此造壬水發源於申宮。止於辰庫。兩壬並透。昆仲同承上蔭。丙火偏才旺於午。辰午夾巳。財祿貴人暗藏。因財而得貴。因貴而進財。地位之高。自財富中來。是爲身財兩旺。病在財比並出。分耗太多。來雖洶湧。去亦鉅大姑妄言之。如云積財。恐非至晚年交進戊戌運不可。能聚能散。眞過路財神也。正財爲妻。偏才爲妾。午宮丁火爲妻星。丁壬相合。夫婦和諧。偏才兩透。得祿於巳。明暗之鶯燕。亦如財帛之散漫。子息宮己土旺於午。至少當在三四之間。

閑談六

史載黃帝作甲子。迎日推策。以定歲時。究竟年日之甲子。經若干年。方得周而復始。此有待於精於曆算者之推算。（見粹言卷一廿五頁）

左 一〇

民國四年乙卯八月二十九日卯時

乙卯
乙酉
辛未
辛卯

10 甲申
20 ○未
30 壬午
40 辛巳
50 庚○
60 己卯

辛金生於酉月。雖得時秉令。而滿盤偏才。旺中反弱。語云。歸祿忌冲。建祿不忌冲。此教初學之言。非可執一而論者。辛金僅一此點根基。何可再被冲破。月分建祿。都無祖屋。卯酉一冲。祖基門戶盡破矣。兩辛兩乙。蝴蝶雙飛。金木相成。格局非不淸也。年上才星得祿。世家子弟。遺緒豐盈。日時才星會局。書云。辛騎羊兎。乙透出而富比陶朱。卯未，羊兎也。金錢妻妾。同屬於財。身強財爲我用。身弱爲財所困。滿局偏才。卯酉疊見。同於徧野桃花。果然豔福無雙。豈必金珠滿谷。古歌云。時日咸池帶旺神。陰錯陽差華蓋幷。妻家惹禍兼裝醜。若不刑離誘外人。辛未辛卯，陰錯陽差煞也。未，華蓋也。財比並透。不見官星。金錢耗散無節制。偏才成局。鶯鶯燕燕。蝶繞蜂圍。華蓋主性情乖僻。不利六親。一心惟財色是圖。則乖違爲當然之結果也。然命造極淸。四十之後。交入辛巳庚辰運。辛金得助而強。偏才受我支配。安知無奇遇。宮室之美。妻妾之奉。如劉阮之入天台。時逢辛卯九醜煞。生兒必象賢。因果相循。理無或爽。世祿之家。鮮克有終。此之謂乎。

姑妄言之

左

民國十三年甲子十月初六日卯時

甲子
甲戌
乙酉
己卯

2 乙亥
12 丙子
22 丁丑
32 戊寅
42 己卯
52 庚辰

乙木生於九月。生氣內斂。兩甲並透。木衆成林。秋氣蕭索。寒木向陽。非火不榮。秋陽亢旱。燥土不生。得水乃潤。戊子夾亥。暗藏壬癸之水。土得潤澤。所缺惟火。專取戊宮一點丁火。化刼以生才。年爲祖基。得子水印貴。福蔭之厚可知。月令戊土秉令。財星旺於門戶。無如兩甲並透。羣刼爭財。官星不出。刼才無制。雖席豐履厚。而一生刼耗重重。秋木枯槁。全恃癸水滋培。年上鼠貴朝元。世祿之家。祖業足可依恃。乙祿在卯。歸祿冲破。木身事業缺如。才爲妻星。向甲而不向乙。酉爲妻宮。煞帶咸池。乙木見酉金而情怯。加以偏野桃花。夫有懼內之心。偏喜沾花惹柳。妻有向外之意。引來蝶鬧蜂忙。三二之前。猶是上蔭之福。書云。刼才陽刃。切忌時逢。歲運並臨。災殃立至。祿刃一也。運至戊寅己卯。恐不堪回首矣。

雙生子

甲兄

民國二十八年巳卯十月十八日下午十時十五分（亥時）

己卯
乙亥
己巳
乙亥

7 甲戌
17 癸酉
27 壬申
37 辛未
47 庚午
57 己巳

己土卑溼。生於十月。壬水秉令。土寒而溼。亥卯會局。兩乙並出。財旺生煞。己土生機窒塞。非丙火不能扶。滿盤七煞。亦非丙火不能化。專恃巳宮一點丙火。佐以戊土。庶可以保其生機。無如兩亥夾冲。用神動搖。幼多疾病之災。長受妻房之累。滴天髓云。地生天者。天衰怕冲。巳亥一冲。何處覓解救之力　猶幸胎元丙寅。祖基福德深厚。生於富貴之家。享受餘蔭而已。

姑妄言之

乙弟

己卯
乙亥
己巳
丙子

7 甲戌
17 癸酉
27 壬申
37 辛未
47 庚午
57 己巳

一三

姑妄言之

生於十一時十五分。爲己巳日夜子時。一時之易。局面頓換。寒士寒木。得丙火高照。皆欣欣向榮。丙火得祿於巳。乙己天乙在子。祿貴互換。用印化煞。煞不尅身。假煞爲權。恩威並濟。巳爲驛馬。喜用聚於妻宮。丙透在時。事業發於本身。煞印相生。間接得上蔭之助。權位福德俱備。富貴兩全之命也。人謂雙生同命。豈其然歟。

閑談七

獨學無友。則孤陋寡聞。況命理爲失傳之學術。整理闡發。更有賴於集思廣益。友人有提議組織命理學會。爲同志切磋通訊之機關。用意甚善。惟鄙人力薄難勝。如有人出而主持。則極願參加。藉收切磋之益。

中華民國二十九年庚辰拾月初版

樂吾隨筆 第二輯

（實價國幣壹元）

編著者 東海徐樂吾

發行者 上海靜安寺路一一三二弄九號 乾乾書社 電話三四八二一

分售處 千頃堂 掃葉山房 百新書局 大衆書局

香港百新書局支店

北京西安門光明殿十二號張雲溪命館

編號	書名	作者	備註
占筮類			
1	擲地金聲搜精秘訣	心一堂編	沈氏研易樓藏稀見易占秘鈔本
2	卜易拆字秘傳百日通	心一堂編	
3	易占陽宅六十四卦秘斷	心一堂編	火珠林占陽宅風水秘鈔本
星命類			
4	斗數宣微	【民國】王裁珊	民初最重要斗數著述之一；未刪改本
5	斗數觀測錄	【民國】王裁珊	失傳民初斗數重要著作
6	《地星會源》《斗數綱要》合刊	心一堂編	失傳的第三種飛星斗數
7	《斗數秘鈔》《紫微斗數之捷徑》合刊	心一堂編	珍稀「紫微斗數」舊鈔秘本
8	斗數演例	心一堂編	
9	紫微斗數全書（清初刻原本）	題【宋】陳希夷	斗數全書本來面目；有別於錯誤極多的坊本
10-12	鐵板神數（清刻足本）——附秘鈔密碼表	題【宋】邵雍	無錯漏原版　秘鈔密碼表　首次公開！
13-15	蠢子數纏度	題【宋】邵雍	蠢子數連密碼表　打破數百年秘傳　首次公開！
16-19	皇極數	題【宋】邵雍	清鈔孤本附起例及完整密碼表　研究神數必讀！
20-21	邵夫子先天神數	題【宋】邵雍	附手鈔密碼表　研究神數必讀！
22	八刻分經定數（密碼表）	題【宋】邵雍	皇極數另一版本；附手鈔密碼表
23	新命理探原	【民國】袁樹珊	子平命理必讀教科書！
24-25	袁氏命譜	【民國】袁樹珊	
26	韋氏命學講義	【民國】韋千里	民初二大命理家南袁北韋　北韋之命理經典
27	千里命稿	【民國】韋千里	
28	精選命理約言	【民國】韋千里	
29	滴天髓闡微——附李雨田命理初學捷徑	【民國】袁樹珊、李雨田	命理經典未刪改足本
30	段氏白話命學綱要	【民國】段方	民初命理經典最淺白易懂
31	命理用神精華	【民國】王心田	學命理者之寶鏡

編號	書名	作者	備註
32	命學探驪集	【民國】張巢雲	發前人所未發 稀見民初子平命理著作
33	澹園命談	【民國】高澹園	
34	算命一讀通——鴻福齊天	【民國】不空居士、覺先居士合纂	
35	子平玄理	【民國】施惕君	
36	星命風水秘傳百日通	心一堂編	
37	命理大四字金前定	題【晉】鬼谷子王詡	源自元代算命術
38	命理斷語義理源深	心一堂編	稀見清代批命斷語及活套
39-40	文武星案	【明】陸位	失傳四百年《張果星宗》姊妹篇 千多星盤命例 研究命學必備
相術類			
41	新相人學講義	【民國】楊叔和	失傳民初白話文相術書
42	手相學淺說	【民國】黃龍	民初中西結合手相學經典
43	大清相法	心一堂編	重現失傳經典相書
44	相法易知	心一堂編	
45	相法秘傳百日通	心一堂編	
堪輿類			
46	靈城精義箋	【清】沈竹礽	沈氏玄空遺珍 玄空風水必讀
47	地理辨正抉要	【清】沈竹礽	
48	《玄空古義四種通釋》《地理疑義答問》合刊	沈瓞民	
49	《沈氏玄空吹虀室雜存》《玄空捷訣》合刊	【民國】申聽禪	
50	漢鏡齋堪輿小識	【民國】查國珍、沈瓞民	
51	堪輿一覽	【清】孫竹田	失傳已久的無常派玄空經典
52	章仲山挨星秘訣（修定版）	【清】章仲山	章仲山無常派玄空珍秘 門內秘本首次公開 沈竹礽等大師尋覓一生末得之珍本！
53	臨穴指南	【清】章仲山	
54	章仲山宅案附無常派玄空秘要	心一堂編	
55	地理辨正補	【清】朱小鶴	玄空六派蘇州派代表作
56	陽宅覺元氏新書	【清】元祝垚	簡易・有效・神驗之玄空陽宅法
57	地學鐵骨秘 附 吳師青藏命理大易數	【民國】吳師青	釋玄空廣東派地學之秘
58-61	四秘全書十二種（清刻原本）	【清】尹一勺	玄空湘楚派經典本來面目 有別於錯誤極多的坊本

編號	書名	作者	簡介
62	地理辨正補註 附 元空秘旨 天元五歌 玄空精髓 心法秘訣等數種合刊	【民國】胡仲言	貫通易理、巒頭、三元、三合、天星、中醫
63	地理辨正自解	【清】李思白	公開玄空家「分率尺、工部尺、量天尺」之秘
64	許氏地理辨正釋義	【民國】許錦灝	民國易學名家黃元炳力薦
65	地理辨正天玉經內傳要訣圖解	【清】程懷榮	秘訣一語道破，圖文并茂
66	謝氏地理書	【民國】謝復	玄空體用兼備、深入淺出
67	論山水元運易理斷驗、三元氣運說附紫白訣等五種合刊	【宋】吳景鸞等	失傳古本《玄空秘旨》《紫白訣》
68	星卦奧義圖訣	【清】施安仁	三元玄空門內秘笈 清鈔孤本 過去均為必須守秘不能公開秘密 與今天流行飛星法不同
69	三元地學秘傳	【清】何文源	
70	三元玄空挨星四十八局圖說	心一堂編	
71	三元挨星秘訣仙傳	心一堂編	
72	三元地理正傳	心一堂編	
73	三元天心正運	心一堂編	
74	元空紫白陽宅秘旨	心一堂編	
75	玄空挨星秘圖 附 堪輿指迷	心一堂編	
76	姚氏地理辨正圖說 附 地理九星并挨星真訣全圖 秘傳河圖精義等數種合刊	【清】姚文田等	蓮池心法 玄空六法 門內秘鈔本首次公開
77	元空法鑑批點本——附 法鑑口授訣要、秘傳玄空三鑑奧義匯鈔 合刊	【清】曾懷玉等	
78	元空法鑑心法	【清】曾懷玉等	
79	曾懷玉增批蔣徒傳天玉經補註【新修訂版原（彩）色本】	【清】項木林、曾懷玉	
80	地理學新義	【民國】俞仁宇撰	揭開連城派風水之秘
81	地理辨正揭隱(足本) 附連城派秘鈔口訣	【民國】王邈達	
82	趙連城傳地理秘訣附雪庵和尚字字金	【明】趙連城	
83	趙連城秘傳楊公地理真訣	【明】趙連城	
84	地理法門全書	仗溪子、芝罘子	巒頭風水，內容簡核、深入淺出
85	地理方外別傳	【清】熙齋上人	巒頭形勢、「望氣」「鑑神」
86	地理輯要	【清】余鵬	集地理經典之精要
87	地理秘珍	【清】錫九氏	巒頭、三合天星，圖文並茂
88	《羅經舉要》附《附三合天機秘訣》	【清】賈長吉	清鈔孤本羅經、三合訣法圖解
89-90	嚴陵張九儀增釋地理琢玉斧巒	【清】張九儀	清初三合風水名家張九儀經典清刻原本！

編號	書名	作者	說明
91	地學形勢摘要	心一堂編	形家秘鈔珍本
92	《平洋地理入門》《巒頭圖解》合刊	【清】盧崇台	平洋水法、形家秘本
93	《鑒水極玄經》《秘授水法》合刊	【唐】司馬頭陀、【清】鮑湘襟	千古之秘，不可妄傳匪人
94	平洋地理闡秘	心一堂編	雲間三元平洋形法秘鈔珍本
95	地經圖說	【清】余九皋	形勢理氣、精繪圖文
96	司馬頭陀地鉗	【唐】司馬頭陀	流傳極稀《地鉗》
97	欽天監地理醒世切要辨論	【清】欽天監	公開清代皇室御用風水真本
三式類			
98－99	大六壬尋源二種	【清】張純照	六壬入門、占課指南
100	六壬教科六壬鑰	【民國】蔣問天	由淺入深，首尾悉備
101	壬課總訣	心一堂編	過去術家不外傳的珍稀六壬術秘鈔本
102	六壬秘斷	心一堂編	
103	大六壬類闡	心一堂編	
104	六壬秘笈——韋千里占卜講義	【民國】韋千里	六壬入門必備
105	壬學述古	【民國】曹仁麟	依法占之，「無不神驗」
106	奇門揭要	心一堂編	集「法奇門」、「術奇門」精要
107	奇門行軍要略	【清】劉文瀾	條理清晰、簡明易用
108	奇門大宗直旨	劉毗	天下孤本　首次公開 虛白廬藏本《秘藏遁甲天機》 奇門不傳之秘　應驗如神
109	奇門三奇干支神應	馮繼明	
110	奇門仙機	題【漢】張子房	
111	奇門心法秘纂	題【漢】韓信（淮陰侯）	
112	奇門廬中闡秘	題【三國】諸葛武侯註	
選擇類			
113－114	儀度六壬選日要訣	【清】張九儀	清初三合風水名家張九儀擇日秘傳
115	天元選擇辨正	【清】一園主人	釋蔣大鴻天元選擇法
其他類			
116	述卜筮星相學	【民國】袁樹珊	民初二大命理家南袁北韋 南袁之術數經典
117－120	中國歷代卜人傳	【民國】袁樹珊	

編號	書名	作者	簡介
占筮類			
121	卜易指南(二種)	【清】張孝宜	民國經典，補《增刪卜易》之不足
122	未來先知秘術——文王神課	【民國】張了凡	內容淺白、言簡意賅、條理分明
星命類			
123	人的運氣	汪季高(雙桐館主)	五六十年香港報章專欄結集！
124	命理尋源	【民國】徐樂吾	民國三大子平命理家徐樂吾必讀經典！
125	訂正滴天髓徵義		
126	滴天髓補註 附 子平一得		
127	窮通寶鑑評註 附 增補月談賦 四書子平		
128	古今名人命鑑		
129-130	紫微斗數捷覽(明刊孤本)[原(彩)色本] 附 點校本 (上)(下)	馮一、心一堂術數古籍整理編校小組 整理	明刊孤本 首次公開！
131	命學金聲	【民國】黃雲樵	民國名人八字、六壬奇門推命
132	命數叢譚	【民國】張雲溪	子平斗數共通、百多民國名人命例
133	定命錄	【民國】張一蟠	民國名人八十三命例詳細生平
134	《子平命術要訣》《知命篇》合刊	【民國】鄒文耀、【民國】胡仲言 撰	《子平命術要訣》科學命理；《知命篇》易理皇極、命理地理、奇門六壬互通
135	科學方式命理學	閻德潤博士	匯通八字、中醫、科學原理！
136	八字提要	韋千里	民國三大子平命理家韋千里必讀經典！
137	子平實驗錄	【民國】孟耐園	作者四十多年經驗 占卜奇靈 名震全國！
138	民國偉人星命錄	【民國】囂囂子	幾乎包括所民初總統及國務總理八字！
139	千里命鈔	韋千里	失傳民初三大命理家-韋千里 代表作
140	斗數命理新篇	張開卷	現代流行的「紫微斗數」內容及形式上深受本書影響
141	哲理電氣命數學——子平部	【民國】 彭仕勛	命局按三等九級格局、不同術數互通借用
142	《人鑑——命理存驗·命理擷要》(原版足本)附《林庚白家傳》	【民國】林庚白	傳統子平學修正及革新、大量名人名例
143	《命學苑苑刊——新命》(第一集)附《名造評案》《名造類編》等	【民國】林庚白、張一蟠等撰	史上首個以「唯物史觀」來革新子平命學結集
相術類			
144	中西相人探原	【民國】袁樹珊	按人生百歲，所行部位，分類詳載
145	新相術	【美國】李拉克福原著、【民國】沈有乾編譯	通過觀察人的面相身形、色澤舉止等，得知性情、能力、習慣、優缺點等
146	骨相學	【民國】風萍生編著	結合醫學中生理及心理學，影響近代西、日、中相術深遠
147	人心觀破術 附運命與天稟	【日本】管原如庵、加藤孤雁原著，【民國】唐真如譯	觀破人心、運命與天稟的奧妙

編號	書名	作者	簡介
148	《人相學之新研究》《看相偶述》合刊	盧毅安	集中外大成，無不奇驗；影響近代香港相術名著
149	冰鑑集	【民國】碧湖鷗客	各家相法精華、相術捷徑、圖文並茂附名人照片
150	《現代人相百面觀》《相人新法》合刊	【民國】吳道子輯	失傳民初相學經典二種　重現人間！
151	性相論	【民國】余晉龢	民初北平公安局專論相學與犯罪專著（犯罪學生物學派）
152	《相法講義》《相理秘旨》合刊	韋千里、孟瘦梅	命理學大家韋千里經典、傳統相術秘籍精華
153	《掌形哲學》附《世界名人掌形》《小傳》	【民國】余萍客	圖文并茂、附歐美名人掌形圖及生平簡介
154	觀察術	【民國】吳貴長	可補充傳統相術之不足
堪輿類			
155	羅經消納正宗	【明】沈昇撰、【明】史自成、丁孟章合纂	失傳四庫存目珍稀風水古籍
156	風水正原	【清】余天藻	●積德為求地之本，形家必讀！ ●純宗形家，與清代欽天監地理風水主張大致相同
157	安溪地話（風水正原二集）		
158	《蔣子挨星圖》附《玉鑰匙》	傳【清】蔣大鴻等	窺知無常派章仲山一脈真傳奧秘
159	樓宇寶鑑	吳師青	陽宅風水必讀、現代城市樓宇風水看法改革
160	《香港山脈形勢論》《如何應用日景羅經》合刊		香港風水山脈形勢專著
161	三元真諦稿本——讀地理辨正指南	【民國】王元極	被譽為蔣大鴻、章仲山後第一人 內容直接了當，盡揭三元玄空家之秘
162	三元陽宅萃篇		
163	王元極增批地理冰海　附批點原本地理冰海	【清】高守中【民國】王元極	
164	地理辨正發微	【清】唐南雅	極之清楚明白，披肝露膽
165-167	增廣沈氏玄空學　附　仲山宅斷秘繪稿本三種、自得齋地理叢說稿鈔本（上）（中）（下）	【清】沈竹礽	玄空必讀經典！附《仲山宅斷》幾種鈔本及批點本，畫龍點晴、披肝露膽，道中刊印本未點破的秘訣
168-169	巒頭指迷（上）（下）	【清】尹貞夫原著、【民國】何廷珊增訂、批注	圖文并茂：龍、砂、穴、水、星辰九十九變 洩漏天機：蔣大鴻、賴布衣挨星秘訣及用法
170-171	三元地理真傳（兩種）（上）（下）	【清】趙文鳴	蔣大鴻嫡派真傳張仲馨一脈二十種家傳秘本、宅墓案例三十八圖，並附天星擇日
172	三元宅墓圖　附　家傳秘冊		
173	宅運撮要	【民國】尤惜陰（演本法師）、榮柏雲	撮三集《宅運新案》之精要
174	章仲山秘傳玄空斷驗筆記　附　章仲山斷宅圖註	【清】章仲山傳、【清】唐鷺亭纂	無常派玄空不外傳秘中秘！二宅實例有斷驗及改造內容
175	汪氏地理辨正發微　附　地理辨正真本	【清】蔣大鴻、姜垚原著、【清】汪云吾發微	蔣大鴻嫡派張仲馨一脈三元理、法、訣具體泄露 三百年來最佳《地理辨正》註解！石破天驚！
176	蔣大鴻家傳歸厚錄汪氏圖解	【清】蔣大鴻、【清】汪云吾圖解	
177	蔣大鴻嫡傳三元地理秘書十一種批注	【清】蔣大鴻原著、【清】汪云吾、【清】劉樂山註	

編號	書名	作者	簡介
178	《星氣(卦)通義(蔣大鴻秘本四十八局圖并打劫法)》《天驚秘訣》合刊	題【清】蔣大鴻 著	江西興國真傳三元風水秘本
179	蔣大鴻嫡傳天心相宅秘訣全圖附陽宅指南等秘書五種	【清】蔣大鴻編訂、【清】汪云吾、劉樂山註	蔣大鴻徒張仲馨秘傳陽宅風水「教科書」！真天宮之秘 千金不易之寶
180	家傳三元地理秘書十三種		
181	章仲山門內秘傳《堪輿奇書》附《天心正運》	【清】章仲山傳、【清】華湛恩	直洩無常派章仲山玄空風水不傳之秘
182	《挨星金口訣》、《王元極增批補圖七十二葬法訂本》合刊	[民國]王元極	秘中秘——玄空挨星真訣公開！字字千金！
183-184	《家傳三元古今名墓圖集附謝氏水鉗》《蔣氏三元名墓圖集》合刊(上)(下)	(清)孫景堂，劉樂山，張稼夫	蔣大鴻嫡傳風水宅案、幕講師、蔣大鴻、姜垚等名家多個實例，破禁公開！
185-186	《山洋指迷》足本兩種 附《尋龍歌》(上)(下)	【明】周景一	風水巒頭形家必讀《山洋指迷》足本！
187-196	蔣大鴻嫡傳水龍經注解 附 虛白廬藏珍本水龍經四種(1-10)	【清】蔣大鴻編訂、【清】楊臥雲、汪云吾、劉樂山註	蔣大鴻嫡傳一脈授徒秘笈 希世之寶 千年以來，師師相授之秘旨，破禁公開！完整了解蔣氏嫡派真傳一脈三元理、法、訣！附已知最古《水龍經》鈔本等五種稀見《水龍經》
197	批注地理辨正直解	【清】章仲山	無常派玄空必讀經典未刪改本！
198	《天元五歌闡義》附《元空秘旨》(清刻原本)		
199	心眼指要(清刻原本)		
200	華氏天心正運	【清】華湛恩	
201-202	批注地理辨正再辨直解合編(上)(下)	【清】蔣大鴻原著、【清】姚銘三再註、【清】章仲山直解	失傳姚銘三玄空經典重現人間！名家：沈竹礽、王元極推薦！
203	章仲山注《玄機賦》《元空秘旨》附《口訣中秘訣》《因象求義》等九種合刊	【清】章仲山	近三百年來首次公開！ 章仲山無常派玄空秘密，和盤托出！章仲山注《玄機賦》及章仲山原傳之口訣及筆記
204	章仲山門內真傳《三元九運挨星篇》《運用篇》《挨星定局篇》《口訣篇》等合刊	【清】章仲山、柯遠峰等	
205	章仲山門內真傳《大玄空秘圖訣》《天驚訣》《飛星要訣》《九星斷略》《得益錄》等合刊	【清】章仲山、冬園子等	
206	撼龍經真義	吳師青註	近代香港名家吳師青必讀經典
207	章仲山嫡傳《翻卦挨星圖》《秘鈔元空秘旨》附《秘鈔天元五歌闡義》	【清】章仲山傳、【清】王介如輯撰	透露章仲山家傳玄空嫡傳學習次弟及關鍵不傳之秘
208	章仲山嫡傳秘鈔《秘圖》《節錄心眼指要》合刊		
209	《談氏三元地理大玄空實驗》附《談養吾秘稿奇門占驗》	【民國】談養吾撰	史上首次公開「無常派」下卦起星等挨星秘密之書
210	《談氏三元地理濟世淺言》附《打開一條生路》		了解談氏入世的易學卦德爻象思想
211-215	《地理辨正集註》附《六法金鎖秘》《巒頭指迷真詮》《作法雜綴》等(1-5)	【清】尋緣居士	集《地理辨正》一百零八家註解大成精華匯巒頭及蔣氏、六法、無常、湘楚等秘本史上最大篇幅的《地理辨正》註解
216	三元大玄空地理二宅實驗(足本修正版)	【民國】尤惜陰(演本法師)、榮柏雲撰	三元玄空無常派必讀經典足本修正版

編號	書名	作者	簡介
217	蔣徒呂相烈傳《幕講度針》附《元空秘斷》《陰陽法竅》《挨星作用》	【清】呂相烈	蔣大鴻門人呂相烈三元秘本三百年來首次破禁公開！
218	挨星撮要（蔣徒呂相烈傳）		
219－221	《沈氏玄空挨星圖》《沈註章仲山宅斷未定稿》《沈氏玄空學（四卷原本）》合刊（上中下）	【清】沈竹礽　等	揭開沈氏玄空挨星五行吉凶斷的變化及不同用法 章仲山宅斷未刪本、沈氏玄空學原本佚文、玄空挨星圖稿鈔本　大公開！
222	地理穿透真傳（虛白廬藏清初刻原本）	【清】張九儀	三合天星家宗師張九儀畢生地學精華結集
223－224	地理元合會通二種（上）（下）	【清】姚炳奎	分發兩家（三元、三合）之秘，會通其用 詳解注羅盤（蔣盤、賴盤）；義理、斷驗俱精
其他類			
225	天運占星學　附　商業周期、股市粹言	吳師青	天星預測股市，神準經典
226	易元會運	馬翰如	《皇極經世》配卦以推演世運與國運
三式類			
227	大六壬指南（清初木刻五卷足本）		六壬學占驗課案必讀經典海內善本
228－229	甲遁真授秘集（批注本）（上）（下）	【清】薛鳳祚	明清皇家欽天監秘傳奇門遁甲 奇門、易經、皇極經世結合經典
230	奇門詮正	【民國】曹仁麟	簡易、明白、實用，無師自通！
231	大六壬探源	【民國】袁樹珊	民初三大命理家袁樹研究六壬四十餘年代表作
232	遁甲釋要	【民國】徐昂	推衍遁甲、易學、洛書九宮大義！
233	《六壬卦課》《河洛數釋》《演玄》合刊		疏理六壬、河洛數、太玄隱義！
234	六壬指南（【民國】黃企喬）	【民國】黃企喬	失傳經典　大量實例
選擇類			
235	王元極校補天元選擇辨正	原【清】謝少暉輯、【民國】王元極校補	三元地理天星選日必讀
236	王元極選擇辨真全書　附　秘鈔風水選擇訣	【民國】王元極	王元極天昌館選擇之要旨
237	蔣大鴻嫡傳天星選擇秘書注解三種	【清】蔣大鴻編訂、【清】楊臥雲、汪云吾、劉樂山註	蔣大鴻陰陽二宅天星擇日日課案例！
238	增補選吉探源	【民國】袁樹珊	按表檢查，按圖索驥：簡易、實用！
239	《八風考略》《九宮撰略》《九宮考辨》合刊	沈瓞民	會通沈氏玄空飛星立極、配卦深義
其他類			
240	《中國原子哲學》附《易世》《易命》	馬翰如	國運、世運的推演及預言